VIEILLES COUTUMES

USAGES

ET TRADITIONS POPULAIRES

DES VOSGES

PROVENANT DES CULTES ANTIQUES

ET PARTICULIÈREMENT

DE CELUI DU SOLEIL

PAR LE DR A. FOURNIER

Extrait du *Bulletin de la Société Philomatique Vosgienne.* —
Année 1890-91.

SAINT-DIÉ
TYPOGRAPHIE ET LITHOGRAPHIE L. HUMBERT.

VIEILLES COUTUMES

USAGES & TRADITIONS POPULAIRES DES VOSGES

PROVENANT DES CULTES ANTIQUES

ET PARTICULIÈREMENT

DE CELUI DU SOLEIL

Il existe encore, dans les Vosges, des adorateurs du soleil.

Plusieurs fois, aux sommets du Ballon de Guebwiller, du Ballon d'Alsace, j'ai trouvé — le 24 Juin, au solstice d'été — des montagnards arrivés de très bonne heure (il y en avait même qui passaient la nuit) pour assister au lever du soleil.

Ils étaient là, immobiles, comme hypnotisés, regardant bien en face le soleil encore pâle; ils suivaient des yeux son ascension et s'en allaient une fois qu'ils ne pouvaient plus en supporter l'éclat.

Pour eux, la vue merveilleuse des Alpes et de leurs glaciers apparaissant tout à coup éclatants dans un rayon lumineux; le Jura, la Forêt-Noire, la plaine d'Alsace s'éclairant successivement; pour eux, dis-je, rien de tout cela n'existait. Ils ne regardaient pas ! Le soleil seul les fascinait : c'est pour lui qu'ils étaient venus et non pour le panorama splendide qui se développait devant eux.

Ces adorateurs du soleil étaient toujours des montaguards Alsaciens (1).

Nos aïeux Gaulois étaient de fervents adeptes du culte du soleil; ils avaient pour Belen — leur dieu soleil — la plus grande vénération. Plusieurs sommets vosgiens étaient consacrés à ce culte, et ce nom de Belch (en français devenu Ballon), qu'ils ont conservé (2), en est une preuve évidente.

Plus tard, pendant la période romaine. Belen se confondit, dans l'esprit des populations romanisées, avec Mithra, Belus, divinités syriennes, représentant aussi le soleil et apportées en Occident par les légionnaires de Septime-Sévère, qui venaient de faire un long séjour en Asie.

Quoique le Belen celtique eût une origine bien différente du Belus asiatique, la confusion fut telle qu'Ausone a pu doter le Belen gaulois des attributs du Belus oriental.

Quoiqu'il en soit, le Belen gaulois, le Belus syrien représentaient pour les populations gallo-romaines le culte du soleil, et les monuments où Mithra est identifié à l'astre du jour, abondent sur les frontières des provinces romaines d'Occident.

Quoi d'étonnant que la tradition ait conservé le souvenir de ce culte et que l'on trouve encore des personnes qui viennent assister — aux époques où, dans l'antiquité on

---

(1) Cela s'explique par le fait suivant : Le versant alsacien des Vosges a été habité dès la plus haute antiquité. Le versant lorrain, au contraire, dont les pentes se prolongent à une très grande distance, n'a été peuplé que bien plus tard. Il était naturel que la tradition fût née et se conservât sur le versant habité le premier.

(2) *Ballon* et *Belch* ou *Belchen*, avec leurs altérations diverses, françaises ou alsaciennes, sont en réalité deux formes différentes d'un même nom et suivant toute apparence dérivées d'une même racine commune.

Belchen serait la contraction du Celtique Bel-leac'h : lieu de Bel.

On retrouve dans le Jura, la Forêt-Noire, des sommets élevés qui portent aussi ce nom de Belch ou Belchen et qui étaient de même consacrés à Belen.

Ceux qui écrivaient en latin appelaient ces sommets : *Belus, Beleus*. (*Voir à la fin de ce travail l'Appendice*). V. *Bulletin de la Société de Géographie de l'Est*, 1882, p. 135 et suivantes.

célébrait les fêtes de « l'astre radieux » — au lever du soleil (¹).

Dans les Vosges, on trouve encore dans les fêtes religieuses, dans les réjouissances publiques, des traces de ce culte du soleil, des restes de coutumes antiques, et c'est cette recherche qui sera le but de ce travail.

I

Il est certain que les principales fêtes chrétiennes se sont substituées à celles du paganisme, et que les dates de ces dernières s'imposaient, consacrées qu'elles étaient par des siècles de culte populaire.

Il y a quatre de ces dates qui, de tout temps ont été observées : les deux solstices, les deux équinoxes (²).

C'était le 25 Décembre, au solstice d'hiver, qu'avait lieu la grande fête du Dieu-Soleil.

(1) La religion des Druides persista longtemps encore après l'établissement du Christianisme.

Au VIIIᵉ siècle, sous le règne de Brunehaut, au IXᵉ, à l'époque de Charlemagne, on édictait les peines les plus sévères contre les adorateurs des arbres et des fontaines.

De nos jours, on trouve sur les confins des départements de Saône-et-Loire et de l'Allier, des adorateurs des arbres.

On les appelle des *Blancs :* ils vont, quatre fois par an, la tête couverte d'un capuchon blanc (de là le nom de blancs), dans le plus grand mystère, au fond des forêts, adorer de gros chênes; ils ont leur grand prêtre.

Voir *Histoire des Gaulois,* BONNEMÈRE et ROSE.

La probité des Blancs est proverbiale, mais la population les traite en parias. Ces Blancs ne seraient-ils pas ces mêmes hommes que les habitants de la région désignaient sous le nom de *Cacous ?* Ils se disaient descendants des *Polacres* que l'on retrouve dans l'Aveyron et la Lozère.

Voir F. MICHEL, *Histoire des races maudites.*

(2) *Mémoires de la Société des Antiquaires de Picardie,* t. VIII, p. 199. A. BREUIL.

« Les peuples de l'antiquité qui avaient fondé leurs diverses religions sur « l'observation des phénomènes de la nature et dont les principales divinités « étaient des personnifications du soleil, célébraient de grandes fêtes au moment

Elle se célébrait au moment où le soleil, arrivé à son extrème limite de faiblesse, commençait à renaître.

Le Christianisme, devenu la religion victorieuse et universelle, plaça à cette même date la fête de la Nativité du Sauveur, de même qu'un général vainqueur établit son quartier général dans la place prise sur l'ennemi (1).

Il est hors de doute que, plus d'une fois, le culte nouveau dut subir des confusions entre ses fêtes et celles de l'ancienne religion. Accepter des concordances de dates, n'était-ce pas le seul moyen d'amener à soi la foule qui était loin d'avoir une conception bien nette de la religion nouvelle qu'elle venait d'accepter? Si franche que soit une conversion, il était bien difficile, en effet, de faire disparaître subitement les traces d'une religion que l'on avait pratiquée de père en fils pendant des siècles.

Il fallut faire des concessions : « Retrancher tout à la « fois dans ces esprits incultes, écrivait le pape Grégoire- « le-Grand, est une entreprise impossible; car, qui veut at- « teindre le faîte doit s'élever par degrés et non par élans; « gardez-vous de détruire les temples, détruisez seulement « les idoles et remplacez-les par des reliques (2). »

Il est donc naturel d'admettre que l'Église dut subir des pratiques de dévotion populaire antérieures au Christianisme (3); ce qui le prouve, ce sont les critiques de rigoristes auxquelles répondait saint Augustin dans un sermon :

« Nous solemnisons ce jour (Noël), non comme les in- « fidèles à cause du soleil, mais à cause de Celui qui l'a « fait. »

« les plus considérables du cours de cet astre, notamment à l'époque du solstice « d'hiver et à celle du solstice d'été. »

(1) H. GAIDOZ, *Le dieu gaulois du soleil.*

(2) BONNEMÈRE et ROSE, *Histoire des Gaulois.*

(3) *Revue celtique*, vol, IX, N° 4. Octobre 1888 : Une homélie attribuée à saint Éloi, défend aux fidèles « d'appeler Seigneur (c'est-à-dire Dieu), le soleil et la « lune ou de jurer par eux, » car, ajoute-t-il, « ils sont des créatures de Dieu « et servent aux besoins de l'homme. »

Noël, qui ressemble tant à *Hoel, Héol* qui, dans les dialectes celtiques, désignent le soleil, est l'aurore, la naissance du culte nouveau qui se lève sur le monde — soleil nouveau — pour l'éclairer; comme, le 25 Décembre, le soleil après de longs jours sombres, se lève plus brillant et occupe plus longtemps l'horizon [1].

M. Duruy [2] explique que nombre de païens prenaient le Dieu des chrétiens pour le dieu-soleil; ils les voyaient pratiquer un culte qui venait d'Orient comme celui de Mithra; ils les voyaient prier en se tournant vers l'Orient; il était dès lors tout naturel et surtout très habile de prendre la date, de substituer à la grande fête du soleil celle de Noël.

Plus tard, le clergé eut à lutter contre cette intrusion du paganisme dans la religion chrétienne; il parvint après des siècles d'efforts, à transformer en « amusements » de ces pratiques auxquelles il ne pouvait donner une apparence religieuse. A la longue, les feux, les roues enflammées, les feschenotes, les brandons, etc., etc., devinrent des occasions de joie populaire qui revenaient à dates fixes, mais qui, dans l'esprit des populations, avaient perdu tout caractère religieux.

II

« Lorsque l'on faisait sa provision de bois, raconte
« M. Noël [3], la maîtresse de la maison mettait de côté
« la plus belle bûche que l'on appelait la souche, ou ca-
« lendeau ou calende. La veille de Noël, le père de fa-
« mille ou le maître, suivi de toute la famille, promenait

---

(1) BONNEMÈRE et ROSE, ouvrage cité.
(2) DURUY, *Histoire des Romains*, t. VII.
(3) NOËL, *Mémoires pour servir à l'Histoire de Lorraine*, N° 5, 2e vol.

« cette souche en chantant des *Noëls*. On apportait la sou-
« che au foyer, et après l'avoir bénie et aspergée d'eau
« bénite, on allumait le feu et on ne quittait plus cette
« souche que pour aller à la messe de minuit, d'où l'on
« revenait, pour faire régalade de grillades. On ne se cou-
« chait que lorsque la souche était entièrement consu-
« mée. On croyait ainsi avoir brûlé toutes les iniquités
« passées. »

Ailleurs, on disait en plaçant la souche dans le feu :
« Calende, viens, tout va bien, » et on la baptisait avec
un verre de vin.

Il existe de ces Noëls en patois, il en est de ravissants :

Noué ! Noué ! Chantons teurtous Noué !
J'évons un nouveau-né
En depaye di damné.
Noué ! Noué !

Quand Dei évit tout le monde baiti
Evou in pô de terre Adam créé,
Et pu dalet une cole en tiri
Dé léquelle Eve i'fit
Pou lou ben mérié.
Noué ! Noué ! etc.

Mà pou les tini en lé sujetion
En pérédis ou s'qu'i faihôt si bon.
S'lor b'eilli toute permission
Dé mingi pa rahon
Di frut d'in si bé may.
Noué ! Noué ! etc.

Il y avôt eune aibre deffendu,
Eve en mingi; Adam lou goulu,
Y toucha ça: si bien que j'atins padiu
Si lou divin Jesu
N'avôt veni nous savé.
Noué ! Noué ! etc., etc.

Voici quelques passages d'un autre Noël d'une adorable
naïveté :

> *Eune jeune baisselle*
> *De boins parents,*
> *Qué fut toujou pucelle*
> *En son viquant,*
> *Dehan, in joû.*
> *Ses patenates é sè chambe*
> *Vit un ainge dehante*
> *De le paï de noute Schegnou* (Seigneur.)

On conçoit l'épouvante de la « jeune baisselle » (fille),
en voyant un homme « dedans son caibinet, » elle en est
« toute eschemondhie » (effrayée.)

Mais :

> *L'ainge pien de louquance*
> *Fât compliment*
> *Evou la révérence,*
> *Mou himblement,*
> *Déhant : boinjou,*
> *Mère pieine de graice.*
> *Dei qui veut en voute race*
> *Soye toujou évoû vous.*

Dieu, ajoute cet « ainge pien de louquance » (plein d'élo-
quence), a songé à elle

> *Pour li servi*
> *De mère et que soyé pucelle.*
> *Et en co lé pu belle*
> *De tourtou lou peys.*

Mais la pauvre fille est effrayée, elle ne veut point être
mère et a promis à Dieu de mourir vierge :

> *Mais l'ainge li eschure*
> *Que lou Saint-Esprit*
> *En evôt pris les ahaires*

> *Et entrepris l'effaire lè*
> *Que jesma sur la terre,*
> *L'affant n'èrot de père*
> *Ce que moult l'é consolée.*

La jeune fille finit par se rendre :

> *Val* (voilà), dit-elle, *lé demhalle* (demoiselle)
> *Di Rô que vinret,*
> *Je li sera toujou lealle* (fidèle)
> *Tant que viquerai* (vivrai),
> *Et tout astot*
> *Jesu fât son entraie*
> *En sé mère sacraie*
> *Verge comme l'atôt* (1)...

Après le repas ou réveillon, que l'on appelait aussi *reci-non* (2), il était d'usage dans certaines localités (3) de détacher de la souche un morceau de charbon embrasé, que l'on suspend au plafond au moyen d'épingles attachées à une ficelle. Toute la famille se place autour et chacun se divertit à souffler de manière à l'envoyer au nez de son voisin. Ce jeu se prolonge jusqu'à ce que le charbon soit éteint ou tombé.

En se retirant, chacun emportait un tison ou quelques charbons provenant de la souche : on les plaçait sur le ciel du lit. Ces débris de la bûche de Noël jouissaient de la vertu de préserver de la foudre.

Nous verrons plus loin qu'au solstice d'été on allumait des feux dans les rues, sur les hauteurs, dans les champs; ces feux, image du soleil, purifiaient l'air. A Noël, au solstice d'hiver, on ne pouvait les allumer en plein air, aussi l'allumait-on dans les maisons qu'ils purifiaient de toutes

---

(1) *Bulletin de la Société d'Archéologie lorraine*, t. IV, 2ᵉ partie, p. 410 et 417.

(2) RICHARD, *Tradition populaire de l'ancienne Lorraine* : *Recinon* vient du latin *recœnare* (Richard.)

(3) BEAULIEU, *Archéologie lorraine*, t. Iᵉʳ.

les iniquités de l'année; en même temps, c'était un hommage rendu au soleil qui allait reprendre sa marche ascendante, pour obtenir de lui un nouveau cours favorable.

Ce charbon, ce tison, débris de la souche que l'on se partageait, avait le pouvoir de préserver d'un autre feu, celui du ciel : la foudre.

III

Pendant les douze jours qui suivent le 25 Décembre, les jours n'augmentent, ni diminuent. Il semble que le soleil soit arrêté; mais, au moment où il reprenait définitivement sa marche ascendante, il y avait fête dans l'antiquité : c'était le complément de celle du solstice d'hiver. La religion chrétienne a placé ce jour-là celle de l'Épiphanie, c'est-à-dire l'adoration du Christ par les Rois-Mages, par des prêtres du dieu-soleil !

« La manière de tirer les Rois était toute particulière en Lorraine : on prenait autant de fèves qu'il y avait de convives, y compris les domestiques; on ajoutait une fève pour le bon Dieu, une autre pour la Sainte Vierge. Une de ces fèves était noircie, c'était la fève gagnante. Ces fèves étaient mises dans un panier recouvert d'une serviette; il était porté par le plus âgé des convives; puis, le plus jeune, après avoir dit un *benedicite*, tirait les fèves une à une : la première était pour le bon Dieu, la seconde pour la Sainte Vierge, et ainsi de suite pour chacun des convives, en commençant par le plus âgé. Celui ou celle, au nom duquel arrivait la fève noire, était proclamé roi ou reine (1). »

On regardait comme un bonheur, quand Dieu ou la

(1) Noël, ouvrage cité, p. 27.

Sainte Vierge se trouvaient élus; on donnait alors une portion du repas aux pauvres qui couraient de portes en portes pour demander la part du bon Dieu, en chantant :

> *Li pence Deye, po l'emou Deye,*
> *Ja cinq éfans do mo peneye*
> *Et mi fa hheye* (bis),
> *Béyé li par do rô*
> *Et d'li rein si elle y o co.*
>   *O Girondo* (1) *!*

Si la fève tombait à un domestique, on rachetait la royauté par un cadeau et l'on remettait la fève pour obtenir un roi parmi les convives.

Au dessert, il y avait un gâteau dans lequel se trouvait une fève; on le divisait en autant de parts qu'il y avait de convives; les morceaux mis dans une serviette étaient tirés au sort, et celui dans la possession duquel se trouvait la fève, était proclamé roi du dessert ou du gâteau.

Cette dernière façon de procéder est aujourd'hui la seule employée, il n'y a plus que le roi du gâteau.

Le *roi de la Fève* avait le droit de choisir sa reine et réciproquement.

On tirait aussi, de la même manière, *les rois noirs*. Le procédé était le même, à cette différence que c'était une fève blanche qui était gagnante; que le panier était tenu par le plus jeune; le plus âgé tirait les fèves.

Au moment du tirage — qu'il s'agisse du roi de la fève ou du gâteau — les conviés se tenaient debout autour de la

---

(1) L. Jouve, *Annales de la Société d'Émulation des Vosges,* t. XV, 1875, p. 336. Voici la traduction de ce chant :

> La pièce de Dieu, pour l'amour de Dieu,
> J'ai cinq enfants dans mon panier
> Et moi, je fais six,
> Donnez-moi la part du roi
> Ou de la reine si elle y est encore.
>   O Girondo !

table éclairée par une lampe placée au milieu ; si la tête d'un des assistants ne faisait pas ombre sur la muraille, il mourra dans l'année (1).

La taille du roi et de la reine annonçaient la hauteur à laquelle parviendra le chanvre cette année : si le roi est le plus grand, le chanvre mâle dominera ; si c'est la reine, le chanvre femelle prendra le dessus.

Quand il y avait des rois noirs, on leur barbouillait la figure avec un bouchon carbonisé.

C'était le roi qui réglait les toasts ; ils étaient nombreux, et comme il fallait boire, on pouvait s'enivrer. On avait un moyen infaillible d'empêcher l'ivresse : il suffisait d'orner de couronnes de lierre les bouteilles, les lampes, les meubles : véritable réminiscence du culte de Bacchus.

Dans la montagne, des jeunes gens (2) de la classe ouvrière, la tête ceinte de couronnes en papier argenté et portant des sceptres en bois doré, se rendent dans toutes les maisons précédés d'un enfant, vêtu d'une robe blanche, qui porte une longue perche au sommet de laquelle on voit briller une étoile en fer blanc. Ils sont habillés, comme la tradition raconte que devaient l'être les trois Mages, et ils chantent d'une voix nasillarde qu'ils sont arrivés sans autre guide qu'une étoile merveilleusement brillante à la pauvre demeure où est venu le divin poupon ; ils ont rencontré des bergers avec lesquels il leur a fallu parlementer, car ceux-ci faisaient bonne garde auprès du nouveau-né :

Les bergers : *Jasu ! Ja lou cœuer transi* (bis)
        Lé peute gens que vacy
        Qué nous approche !
        Prenez tortot vos guillots
        Et meu j'penra mé soche.

(1) BEAULIEU, *ouvrage cité,* p. 254.
(2) RICHARD, *ouvrage cité.*

Les rois : *Nous sommes trois rois d'Orient*
Qui venons d'un cœur riant
Dans la Judée
Pour adorer l'enfançon
Qu'avons vu en idée (1).

Par un singulier anachronisme, il est raconté, dans un de ces Noëls des environs de Gérardmer, que les rois mages (2) se voyant menacés par le berger Robin, *tirèrent leurs pistolets !*

L'Épiphanie est une fête solstitiale : un auteur voit dans le roi de la fève une figure du soleil recommençant son cours ; pour un autre, le roi noir dont on a machuré la figure représente l'emblème des nuages obscurcissant, pendant l'hiver, le soleil.

Quoiqu'il en soit, « tirer les rois » évoque le souvenir de l'adoration du Christ par des prêtres du culte du soleil ; enfin, si l'on se rappelle de quels « boin repiet de Monsié et une Souleie (3). » comme le chantaient nos pères vosgiens, de quelles orgies la fête des rois était jadis le prétexte, on peut bien dire aussi que cette manière de fêter l'Épiphanie n'était que la suite des saturnales romaines qui avaient lieu à cette date.

IV

« Le Solstice d'été (25 juin) devait être en quelque sorte recouvert par une fête chrétienne qui lui donnât un vernis chrétien et fît oublier au peuple l'ancienne fête naturiste. Saint Jean en fournit le sujet et la date du 25 Décembre adoptée pour la nativité de Jésus ; on se rappela que, d'après

(1) *Bulletin de la Société d'Archéologie Lorraine*, 1855, t. IV, 2ᵉ partie, p. 396.
(2) RICHARD, *Traditions populaires*, 2ᵉ édit., 1848.
(3) RICHARD, ouvrage cité.
La traduction de ce vers est : « Un bon repas de Messieurs et une ivresse. »
Le mot populaire « *soulographie* » rend exactement le patois « *souleie.* »

l'Evangile de saint Luc (1-26), saint Jean était né juste six mois avant Jésus. Un symbolisme poétique, interprétant par une figure les paroles que l'Evangile met sur les lèvres du précurseur du Christ : « Il faut qu'il croisse et que je diminue, » plaça la fête de saint Jean au solstice d'été, au moment où les jours vont insensiblement diminuer. Et qu'on remarque le parallélisme : c'est la nativité de saint Jean que l'on fête à ce moment, comme la nativité de Jésus-Christ au 25 décembre. Or, l'Eglise ne fête les Saints qu'à la date de leur mort; saint Jean est l'unique exception à cet égard. Dès le IVe siècle, la nativité de saint Jean était une fête de l'Eglise chrétienne. Saint Augustin s'étendait avec complaisance sur le parallélisme de ces deux fêtes : « A la nativité du Christ le jour grandit, à la nativité de Jean, il diminue; c'est un progrès pour le jour, lorsque naît le Sauveur du monde; c'est un affaiblissement pour lui, quand naît le dernier des prophètes. » Anciennement on célébrait trois messes à la saint Jean aussi bien qu'à la Noël (1) . . . » Le nombre trois a toujours été un nombre consacré et mystique et dans les croyances populaires on croit qu'à certaines fêtes, le soleil fait trois sauts de joie ou s'arrête trois fois dans sa marche en l'honneur du Christ ou de saint Jean; à la Trinité, dans quelques villages lorrains, on allait de bonne heure sur la hauteur voisine, pour voir lever trois soleils à la fois (2).

Longtemps après l'établissement du Christianisme, cette fête de la saint Jean exerçait un tel prestige et un si grand empire sur l'esprit des foules, qu'au milieu du VIIe siècle saint Eloi disait : « Que nul, à la fête de saint Jean, ou dans les solennités quelconques, ne célèbre les solstices et ne se livre à des danses tournantes ou sautantes ou à des caraules ou à des chants diaboliques (3) . . .

(1) Gaidoz, ouvrage cité, p. 15.
(2) Beaulieu, ouvrage cité, p. 263.
(3) *Revue Celtique*, vol. IX. Octobre 1888 N° 4, p. 434.

Ce fut en vain, saint Eloi prêcha dans le désert; l'Eglise, reconnaissant l'impossibilité de supprimer ces usages, se les assimila; les feux de Bélénus furent dédiés à saint Jean-Baptiste « dont la fête tombe (1) au solstice d'été. »

A la saint Jean, chaque cultivateur, dans les Vosges, devait à la personne qui gardait son troupeau de vaches, un œuf assaisonné au goût du vacher. De son côté, ce dernier avait soin de parer de rubans et de guirlandes de fleurs de saint Jean (grande marguerite des prés) la tête de la vache qui portait la clochette du troupeau: dans d'autres localités, c'était un mouton.

A Saint-Dié, on tendait par les fenêtres du second étage une corde ornée d'une guirlande de fleurs et au milieu de laquelle est suspendue une couronne formée de coques d'œufs et de fleurs, dans laquelle on assujettit une statuette de saint Jean. Les jeunes gens des deux sexes et même des premières classes venaient danser des rondeaux — rondiller ou rondier — sous cette couronne, et quelquefois fort avant dans la nuit (2).

Nous verrons plus loin quel était le caractère mystique de l'œuf.

« Le dimanche qui suit la saint Jean, raconte X. THIRIAT (3), un peu avant le coucher du soleil, toute la jeunesse d'une même localité se réunissait sur un point de la montagne. On allumait un grand feu de joie que l'on alimentait au moyen des genévriers, des genêts, des bruyères et sapins du voisinage, et on disposait les troupeaux autour. C'était un curieux spectacle que ces myriades de feux allumés de distance en distance, sur le penchant et au sommet des montagnes, quand on considérait le paysage de ce plateau élevé, où, jeunes enfants, nous allumions le feu de la saint Jean, de

---

(1) *Revue Archéologique,* 1re série, 1848, p. 74.
(2) GRAVIER, *Histoire de Saint-Dié.*
(3) X. THIRIAT, *la Vallée de Cleurie,* p. 324.

l'Envers-de-Cleurie. Depuis l'horizon brumeux qui se perd vers Hérival et les monts Faucilles, jusqu'aux montagnes de Champdray et de Liézey, on ne voyait que lueurs scintillantes s'élever des pâturages aux premières ombres du crépuscule. On entendait les cris de joie des enfants de Cleurie, et, par les mêmes expressions bruyantes, nous acclamions ainsi la fumée blanche qui montait en gros tourbillons vers le ciel bleu, pendant que nous dansions les rondes joyeuses du pays. L'écho de la forêt voisine répétait nos cris, le mugissement des troupeaux, le tintement des clochettes et le claquement du fouet que le plus fort d'entre nous faisait retentir, perché à la cime d'un rocher. Les vieillards souriaient à nos jeux et se rappelaient leur jeunesse où ils dansaient les mêmes rondeaux et chantaient les mêmes *bergères* autour du feu de saint Jean... »

Ces feux de joie s'appelaient des *bures* (1); l'emplacement où ils avaient lieu avait pris également ce nom. Il existe au-dessus de Saint-Dié une montagne qui s'appelle la Bure. Ce mot s'est étendu aux défrichements ou essartements par le feu; on trouve souvent, enclavés dans les forêts, des « champs de Bures. »

La veille de la saint Jean, chaque habitant apportait un fagot au milieu de la place publique; on en formait un énorme bucher, au sommet duquel on plaçait une cage remplie de vieux chats noirs. Le feu était mis au bûcher qui finissait par s'écrouler entraînant les malheureuses bêtes.

Durant ce temps on dansait autour du foyer, chantant des rondes de saint Jean; quelques-uns sautaient par-dessus le foyer; d'autres font passer les bestiaux au travers du tourbillon de fumée, ce qui doit les préserver des maladies (2).

Dans l'esprit de nos populations, les mauvais génies, les

---

(1) Du latin *comburere* ou plutôt *uro*, *buro*, je brûle.

(2) En Irlande, on allumait deux feux entre lesquels on faisait passer les troupeaux pour les purifier, usage que l'on retrouve dans notre Bretagne.

démons, les sorciers étaient les successeurs des anciens
prêtres du paganisme, des druides tout particulièrement
dont l'influence se maintint si longtemps en Gaule, malgré
les persécutions romaines et chrétiennes.

Le chat noir et vieux avait la réputation de fréquenter le
Sabbat ; en le brûlant on détruisait le pouvoir des démons,
des sorciers héritiers des druides ; mais — singulière con-
tradiction — en allumant le feu de la saint Jean on rendait
hommage à l'antique Dieu-Soleil de nos aïeux, au moment
où il était arrivé à son plus bel éclat.

La saint Jean jouait un grand rôle dans la sorcellerie ; c'est
ce jour que les sorciers et magiciens — toujours les héritiers
des druides — allaient chercher les herbes propres à leurs
maléfices : on devait les arracher de la main droite (1) et les
jeter dans le panier sans les regarder. Pour qu'elles aient de
la vertu, la récolte devait en être faite pendant que la cloche
sonnait les douze coups de midi : aussi dans certains de nos
villages, était-il d'usage, ce jour-là, de ne laisser sonner que

M. L. Jouve donne comme rondeau des bures une série de couplets :

> *Jurondé ! qu'o soto*
> *Et qui retoun de boiyo chau* (beignets chauds)
> *Choque, choq'di mo pti dóye*
> *Je n'm'echau mi que j'a si chau*
> *O jurondé !..... etc...*

On chantait ce rondeau à Granges. M. L. Jouve constate qu'il n'a aucun rapport avec la fête de la saint Jean. Il se demande ce que peut bien être ce *Jurondé*
et pense qu'il pourrait bien être le même que ce *Girondo* invoqué par les men-
diants qui, le jour des rois, vont de porte en porte quêter leur part du gâteau.

Les deux expressions sont les mêmes, parce que cette ronde me semble plutôt
destinée au Carnaval, au moment où l'on fait des beignets et où on allait aussi
en quémander de maison en maison. Nous verrons plus loin qu'il y avait aussi
des bures en Carême. (*Annales de la Société d'Emulation*, t. XV, 1875.)

(1) Pline, *Histoire naturelle*, l. XXIV, § 62 et 63. « A la Sabine ressemble le
Selago (Lijcopodium Selago), on le cueille sans l'entremise du fer, avec la *main
droite*. Les druides Gaulois ont prétendu que la fumée en est utile pour toutes
les maladies des yeux... » § 62. « Le Samolus Valerandi » se cueillait de la *main
gauche* et préserve de maladie les bœufs et porcs. § 63.

deux ou trois coups afin de laisser le moins de temps possible aux sorciers pour faire leur cueillette.

C'est sans doute cette difficulté de cueillir les herbes qui a donné naissance à ce dicton populaire : « Employer toutes les herbes de la saint Jean; » c'est-à-dire, mettre en œuvre tous les moyens de réussir [1].

V

Pendant les premiers siècles de l'Eglise, il est fort rarement fait mention des pratiques religieuses populaires; si l'on n'avait pas quelques courtes défenses des Conciles, il n'en serait pas question. Pourtant, comme le fait remarquer M. H. GAIDOZ [2], elles n'en subsistaient pas moins et, je l'ai dit, l'Église ne pouvant les détruire, dut les tolérer et les transformer en amusements populaires, tout en leur donnant une apparence religieuse.

Ce n'est qu'au XIIIe siècle que les théologiens font réellement mention de la fête populaire de la saint Jean. Un auteur de cette époque, parle des feux de la saint Jean-Baptiste et ajoute, qu'en plusieurs lieux, on fait *rouler des roues* ce jour-là.

Ici, nous retrouvons un des restes les plus évidents de l'ancien culte du soleil.

La roue était l'image du soleil : les auteurs de l'antiquité parlent de la « roue du soleil... » de la « roue de Phébus... » de la « roue qui vole en haut... » la « belle roue... » la « brillante roue... »

En Gaule, on a retrouvé des représentations figurées de dieux à la roue; c'était le dieu-soleil. Nous allons la retrouver dans les fêtes populaires de Lorraine :

(1) BEAULIEU, *Archéologie Lorraine,* p. 266, t. II.
(2) GAIDOZ, *Le Dieu Gaulois du Soleil et le Symbolisme de la roue.*

A Basse-Kontz (1), village de l'arrondissement de Thionville, on lançait, le 23 Juin, à la nuit, vers la Moselle, une roue entourée de paille enflammée.

Dans une transaction passée en 1565 par dame Jolande de Bassompierre, abbesse du Chapitre d'Épinal, avec les magistrats de cette ville, je trouve le très curieux passage suivant que je reproduis en entier.

« Conséquemment aura la dicte dame à titre d'échange :

« L'affranchissement de toute, telle et quelle servitude et
« redebvance qu'icelle dame et ses antécesseresses estoient
« chacun an debvables et attenus de payer, à cause du-
« dict gaingnage de Laufralmont, aux bourgeois de la dicte
« et faulbourg d'icelle, *tant de paille et roue pour faire,*
« *comme on dit communément, la roue de fortune,* que-
« nouille ou fusée de paille, pain, vin, qu'aultrement
« mesme de fournir la place en la maison dudict gain-
« gnage *pour faire icelle roue,* que toutes autres subjec-
« tions qu'icelles dames estoient attenues, *concernant la-*
« *dicte roue* et choses dessus dictes.

« De toutes lesquelles servitudes et manière de faire,
« ladicte dame et successeresses en demeureront fran-
« ches, quictes, libres et bien déchargées à jamais (2)... »

La « Moitresse » de « Laufralmont » était une métairie appartenant au Chapitre noble des chanoinesses d'Épinal.

C'est encore aujourd'hui une ferme située sur un coteau, dominant à l'Est le faubourg d'Ambrail et vis-à-vis le vieux château.

C'est du « Haut de Laufremont, » à 437 mètres d'altitude et signal de l'état-major, que l'on lançait vers la Moselle, ainsi qu'on le faisait à Basse-Kontz, les « Roues de fortune. »

---

(1) Société des Antiquaires, *Recherches sur la fête annuelle de la roue flamboyante à Basse-Kontz,* t. V, 1823, p. 379 et 393.

(2) Voir *Inventaire historique des Archives anciennes d'Épinal,* t. V, p. 106 et 107.

Les habitants de Rupt (¹) montaient en grande cérémonie sur une montagne voisine et précipitaient dans la vallée une roue enflammée pour « figurer l'astre de Bal-Soleil fertilisant les campagnes. »

A Pouxeux, le jour des brandons (voir plus loin), les enfants, une fois le feu de la bure éteint, promenaient dans le village un *petit char à deux roues* qu'ils conduisaient avec toute la rapidité que peut permettre leur âge (²). Si l'on négligeait, une année, les roues flamboyantes, on verrait aussitôt les bestiaux attaqués de vertiges, de convulsions, danser dans les étables.

A Basse-Kontz, quand la roue arrivait à tomber enflammée dans la Moselle, la vendange était abondante et rentrée sans accidents.

Ces feux que nos ancêtres celtes allumaient aux sommets des montagnes, qu'ils entretenaient avec le plus grand soin dans leurs sanctuaires, étaient l'image du dieu-soleil; aussi, négliger d'allumer ces feux, de lancer ces roues enflammées, c'est compromettre les récoltes, c'est attirer la maladie sur le bétail; puisque c'était mécontenter l'astre si nécessaire à la fécondité de la terre.

VI

Le premier dimanche du carême on célébrait la fête des brandons ou jour des bures, comme l'appellent un grand nombre d'actes du moyen âge.

(1) Voulot, *Les Vosges avant l'histoire*, p. 127.

(2) Richard, ouvrage cité, p. 68.

M. Gaidoz fait observer très justement que la roue, image du soleil, ne se rencontre pas chez les sauvages.

Cette idée, de représenter le soleil, ne pouvait se présenter qu'à l'esprit des peuples ayant déjà des chars et par conséquent des roues. (*Le Dieu gaulois du Soleil et le Symbolisme de la Roue.*)

Le char était aussi un des attributs du dieu-soleil. Ainsi, celui que traînaient les enfants de Pouxeux est bien caractéristique.

Les brandons étaient, comme à la saint Jean, des feux que l'on allumait en un lieu consacré à cet effet et que l'on appelait la Bure.

C'était la fête des amoureux, des jeunes mariés; c'était aussi celle de l'équinoxe du printemps, du retour de la belle saison, au moment où le soleil, par ses rayons bienfaisants, allait ramener la vie dans les cœurs et dans la terre.

Les mariés de l'année, de quelque condition qu'ils fussent, étaient obligés, à Nancy, raconte M. Noël (1), d'aller hors de la porte de la Craffe ou de Notre-Dame, au bois de Boudonville, prendre un fagot de bois mort, une *faschenotte* (2).

Pour éviter cette corvée, on avait autorisé à ces portes de véritables foires, où l'on vendait de ces petits fagots, des petites serpettes, des quenouilles, des berceaux en miniature.

Les mariés se rendaient de là, en se donnant le bras, à la Salle des Cerfs, le mari tenant d'une main son fagot orné de rubans et une serpette à la boutonnière; la femme, un bouquet et un attribut de son sexe au corsage.

En 1699, la duchesse de Lorraine et son mari, le duc Léopold, jeunes mariés, y assistèrent (3).

De la Salle des Cerfs, la procession faisait le tour de la Carrière, gagnant la place de l'Hôtel de Ville (4), où l'on déposait les fagots et les bouquets pour en faire une bure.

---

(1) NOEL, *Mémoires pour servir à l'histoire de Lorraine*, N° 5, 1er volume (texte), page 29 et suivantes.

(2) NOEL, ouvrage cité, 2e vol., notes.

Faschenotte : du patois *Faichise, Fachi,* fascines; nattes, petites. *Fachenate :* petites fascines.

La description de cette fête des brandons à Nancy (1699), est racontée par M. Noël avec les plus grands détails.

(3) Le duc Charles IV, lors de son mariage avec Mlle d'Apremont, n'ayant pu se présenter à la procession, y envoya un chambellan porter un fagot de sa part.

(4) Aujourd'hui place du Marché.

Elle entrait ensuite dans le palais ducal, où l'on dansait. Les jeunes gens, pendant les danses, jetaient des *pois dépechis* (1), mauvaise plaisanterie qui faisait glisser danseurs et danseuses, provoquaient des chutes à la grande joie des spectateurs.

A sept heures, on soupait à l'hôtel de ville, puis on mettait le feu à la bure.

Pendant que celle-ci brûlait, les nouveaux mariés avaient le droit de proclamer du haut du balcon de l'hôtel de ville les *valentins* et *valentines*.

« Qui donne-t-on à M. X...? — Mademoiselle Z... » Ces proclamations étaient répétées par la foule, qui approuvait ou improuvait.

Les valentins devaient, dans la semaine, un bouquet à leurs valentines; s'ils ne le faisaient, les voisins, le dimanche suivant, allumaient devant leurs maisons, un feu de paille en signe de mépris.

De leur côté, les valentines donnaient un bal à leurs valentins; si elles oubliaient ou n'envoyaient pas un cadeau pour tenir lieu de bal, on brûlait aussi de la paille devant leurs demeures (2).

(1) *Dépéchis,* expression lorraine : pois grillés avec des épices. Ils remplaçaient les pois chiches qui ne poussent pas en Lorraine et que l'on mange dans certaines fêtes à Marseille, en Italie, en Espagne. Les Athéniens en mangeaient aussi aux panepsies.

(2) En 1718, l'évêque de Toul sollicita l'abrogation de la fête des Brandons. Elle ne fut supprimée qu'en 1737, à l'arrivée du roi Stanislas.

En 1699, le duc Léopold, qui venait de rentrer en possession de la Lorraine, fit de grandes largesses à l'occasion de cette fête.

Il y eut comédie pour le peuple. Certaines exemptions furent accordées aux jeunes mariés.

La façon dont on rangeait la procession était parfois burlesque : « Ainsi, derrière le duc et sa femme, se trouvait le suisse du palais, d'une taille de plus de six pieds, qui avait épousé une petite femme; en parallèle, il y avait un petit bossu qui avait épousé une femme de cinq pieds; des hommes plus que mûrs avec de jeunes femmes; des femmes âgées avec des hommes plus jeunes qu'elles..... » (NOEL, ouvrage cité, p. 31.)

On doit penser de quels quolibets étaient accueillis ces couples, si mal assortis.

A la fête de 1699, le nombre des mariés présents à la procession s'éleva à six

A Saint-Dié, les filles et les garçons se réunissaient, au sortir de Vêpres, sur la Bure. On se partageait en deux chœurs, filles et garçons, puis l'on formait la chaîne pour danser des rondeaux.

Les deux chœurs chantaient, à trois reprises, en faisant autant de révolutions : « Qui marierons-nous ? »

Les jeunes filles répondaient en désignant l'une d'elles.

L'élue se plaçait au centre, les deux chœurs reprenaient leur danse, et à chacun des trois tours elle devait crier : « J'aimerai qui m'aimera ! »

A leur tour, les garçons désignaient l'amoureux. Les deux amants rentraient dans la chaîne et ne se quittaient plus. On agissait ainsi tant qu'il y avait des couples à unir.

Alors, les jeunes filles allumaient les brandons ou bures. Celles-ci enflammées, on reprenait le rondeau, qui durait jusqu'à extinction du feu. Chaque couple s'emparait d'un tison du foyer et se dirigeait vers la maison de la jeune fille (1).

A Épinal, jeunes filles et garçons dansaient autour d'un grand feu, on proclamait les valentins et valentines. Le jeune homme était embrassé par la jeune fille, et en retour — c'était le rachat — il lui offrait un cadeau ; s'il ne le faisait, il était brûlé... en effigie (2).

A Pouxeux, les enfants allumaient un grand feu qu'ils appelaient *chavoune*. Celui-ci éteint, ils promenaient le petit char, dont j'ai déjà parlé.

Combien d'inclinations, d'amourettes, que les jeunes gens croyaient bien secrètes, ont été ainsi révélées ? Le plus sou-

cents. Il est vrai qu'il y avait les mariés de trois années. Les Français, qui occupaient Nancy, avaient interdit cette fête.

(1) GRAVIER, *Histoire de Saint-Dié*, page 242. Cet usage existe encore dans les faubourgs de Saint-Dié.

(2) CHARTON, *Les Vosges pittoresques et historiques*. Le charmant récit que fait M. Charton de cette fête des Brandons est à lire en entier.

Les valentins l'appelaient aussi des *Fechenots ;* les valentines des *Fechenottes*.

vent à leur grande joie, car bien des mariages étaient la suite de ces valentinages.

A la longue, cette fête si gracieuse finit par dégénérer en farce. On allait, la nuit, par les rues, « faisant » des mariages qui froissaient bien des personnes.

« Qui dône (ou qui doùne), qui dône?... — Je dône, je dône... — Qui marie? qui marie?... — Je marie M. X*** avec Mlle X***. » Tels étaient les cris que l'on entendait dans les rues, toute la nuit (1).

C'était souvent, un vieillard ridicule que l'on unissait à une charmante jeune fille; ou une femme laide, difforme avec le « coq » de l'endroit. La police dut intervenir. Aujourd'hui on ne « dône » plus.

Le valentinage (2) était fort répandu en France, en Angleterre, en Écosse, c'est-à-dire dans les régions où la race celtique a le plus dominé.

Valentin, valentine, ou plutôt *valetin*, *valetine* étaient le nom lorrain donné à ceux à qui le mariage va donner la mission d'engendrer des *valetons*. Un *valeton*, mot bien vieux, signifie un petit enfant (3). Ces noms donnés aux futurs mariés leur rappelaient naïvement le but du mariage qui est la procréation.

Dans d'autres villages, on avait l'habitude, le jour de la bure, de parcourir, de nuit, la campagne avec des brandons allumés. A Goviller, les habitants faisait le tour, avec leurs torches, d'un petit bois, situé sur un coteau élevé (4).

A Épinal, il y a une fête, bien aimée des enfants, pour

---

(1) « Qui *donne*-t-on à M. X***? » criait-on. *Dône* ou *doûne* est le patois de *donne*.

(2) BEAUPRÉ, *Archéologie lorraine*, t. Ier, p. 259.

(3) NOEL, ouvrage cité.

(4) NOEL, ouvrage cité.

M. Noël voit dans cette pratique de courir la nuit, avec des torches enflammées, un avantage pour la culture : celui de détruire une grande quantité d'insectes et surtout des papillons.

célébrer le retour du printemps, celle des *Changolos*. Elle a lieu le soir du Jeudi-Saint : Aussitôt que la nuit était arrivée, on voyait une longue file d'enfants placer, sur l'eau courante des ruisseaux qui traversaient la ville, des batelets sur lesquels étaient allumés des bouts de chandelles. Tout heureux de voir cette petite flotte en marche, grands et petits chantaient :

> *Lé chan golo*
> *Le lour relo,*
> *Paque reuié*
> *Ç'o in gran bié*
> *Pou lé chette e pou le chié*
> *Pou lé jo tot aussi bié* (1).

Il en était de même à Remiremont..

VII

Dans l'antiquité, la danse a toujours fait partie des fêtes religieuses.

Le Christianisme eut bien soin de la conserver, et aux XIIe et XIIIe siècles, elle figurait encore dans certaines fêtes de l'Église.

Dans les Vosges, nous retrouvons des traces de ces danses religieuses dans les privilèges de certains couvents :

A Saint-Dié (2), « l'abbé du monastère et le grand-prévôt du Chapitre ouvraient les bals champêtres les jours de fête

(1) L. JOUVE, *Annales de la Société d'Émulation des Vosges*, t. XV, 1875, p. 282.
Voici la traduction : Les champs coulent,
     Les veillées s'en vont,
     Pâques revient
     C'est un grand bien
     Pour les chats et les chiens
     Et les gens tout aussi bien.

Voir aussi le joli récit fait des *Changolos* par M. CHARTON. (*Vosges pittoresques.*)
(2) GRAVIER, *Histoire de Saint-Dié*, p. 243.

patronale. A eux seuls appartenait la première danse. Dans les villages de leur juridiction, ils déléguaient ce droit au maire ou aux personnes qu'ils voulaient favoriser. »

A Remiremont, au lendemain de la Pentecôte, les dames chanoinesses « disent avoir le droit de danser en la cour de la maison abbatiale; la première danse appartenante à madame l'abbesse et la seconde au Chapitre. Que si, la dite dame abbesse ne veut ou ne peut s'y trouver, elle est obligée de fournir une dame à la place pour danser... auquel jour encore, lesdites dames veuillent que les bourgeois dudit Remiremont paraissent en armes et qu'ils passent par devant elle en l'église et parmi la maison abbatiale et au troisième tour, ladite Dame abbesse leur doit à boire dans sa dite maison pendant que lesdites Dames dansent à la vue d'iceux et des étrangers arrivés ce jour à Remiremont... et lesdites Dames disent encore que leurs principaux officiers, savoir : les sieurs grand-prévôt, grand et petit chancelier et le chancelier de l'état, *qui sont tous ecclésiastiques,* leur doivent certain nombre de danses ; et de fait, lesdits officiers, le bonnet carré sur la tête, ou leurs lieutenants ou commis, les mènent danser dans l'après-souper audit cloître et dure ladite danse beaucoup à cause du grand nombre d'icelles... (1) »

Dans un acte de dénombrement des droits du curé et du marguillier de Ramonchamp, on trouve que lorsqu'il se fait des danses publiques ou particulières les jours de Saint-Remy et Saint-Blaise (patrons de la paroisse) et autres pendant le cours de l'année, les garçons en demandent la permission au curé qui seul a le droit d'accorder ou de refuser et *qu'il a une danse à son choix* (2).

A Gorhey, l'abbesse de Remiremont avait droit, le jour de la fête paroissiale, *à une danse qu'elle faisait danser par le maire.* Celui-ci, avant de commencer, faisait publier que

______

(1) Richard, ouvrage cité, p. 157.
(2) *Département des Vosges,* t. VII, p. 186.

c'était la danse de madame l'abbesse de Remiremont. Celle-ci avait en plus une aubade des ménétriers (¹).

VIII

Le mois de Mai est le triomphe du printemps : aussi était-il célébré chez les païens par des cérémonies dont nous retrouvons des vestiges dans nos vieilles coutumes.

Pour le Gaulois, le 1ᵉʳ Mai était une grande fête; on célébrait le triomphe définitif du radieux Belen sur le sombre hiver; c'était la renaissance de l'année celtique. Sur toutes les montagnes, des feux étaient allumés; aussi, dans bien des régions, pendant les premiers siècles de l'Église, ce jour était-il férié (²).

A Rome, Mai était entièrement consacré à Apollon, le Dieu-Soleil.

C'était à ce moment qu'avaient lieu ces processions — ambarvales — dans les champs, où l'on chantait des hymnes à Cybèle, afin d'obtenir d'elle d'abondantes récoltes. Le christianisme a conservé cette coutume sous le nom de Rogations.

Celles-ci sont une véritable fête du Dieu-Soleil : que pouvait Cybèle sans l'astre qui fait mûrir les moissons? Chez les latins, cette déesse représentait un dédoublement du Soleil créateur.

Tous les jours il y avait fête chez les Romains pour célébrer ce mois qui ramène l'amour et la vie.

Le Celte avait *son arbre de Mai,* le bouleau, emblème des énergies génératrices (³).

« Lorsqu'au matin du premier jour de ce mois, les jeunes

(1) *Département des Vosges,* t. VII, p. 331.
(2) H. MARTIN, *Histoire de France,* t. I.
(3) H. MARTIN, *Histoire de France,* t. I.

filles ouvrent leurs fenêtres, elles aperçoivent ordinairement un jeune arbre dépouillé de son écorce et couvert de
rubans, de fleurs et de bonbons. C'est un prétendant qui
leur a fait cette galanterie; elle équivaut à une déclaration
d'amour (1). »

Dans d'autres villages, « les jeunes filles se réunissent le
premier jour de Mai et, conduisant avec elles une enfant
habillée de blanc et couverte de rubans et de fleurs, elles
vont quêter de maison en maison, où elles chantent une
chanson appelée *Trimaza*; à chaque refrain, deux personnes qui tiennent l'enfant par la main et qu'on appelle la
Trimaza, la font sauter en chantant (2). »

> *Ça lo mâ, lo joli mâ,*
> *Ça lo ma, lo tri ma ça.*
> *Bonne dame de céans*
> *Faites du bien pour Dieu le grand.*
>
> *En revenant de vor vos biés*
> *Je les èvons trouvés saiclés,*
> *Le doux Jesus en soye beni*
> *De vos vignes et de vos biés.*
>   *Ai tri mâ ça,*
> *Ça lo ma, lo joli ma. le joli tri ma ça (3).*

A Dommartin, près Remiremont, les jeunes filles vêtues
de leurs plus beaux habits, se rendaient le premier dimanche de Mai sur les différents chemins qui conduisent à
l'église, et chantaient des couplets aux garçons qu'elles
rencontraient, et attachaient à leur chapeau une branche
de laurier (4).

---

(1) BEAULIEU, *Archéologie lorraine,* t. I, p. 263.
(2) *Bulletin de la Société d'Archéologie lorraine,* 1855, 2ᵉ partie, page 516. —
Trimaza : trémoussement, danse.
(3) *Bulletin de la Société d'Archéologie lorraine,* 1855, 2ᵉ partie.
(4) RICHARD, *Traditions populaires,* p. 174.

Un beau Monsieur nous avons trouvé,
Dieu lui donne joie et santé.
Ayez le Mai, le joli Mai !

Que Dieu lui donne joie et santé
Et une amie à son gré.
Ayez le Mai, le joli Mai !

Donnez-moi votre chapeau,
Un petit bouquet nous y mettrons.
Ayez le Mai, le joli Mai ! (1)

Le soir, les jeunes gens des deux sexes se réunissaient, un banquet était offert par les garçons aux jeunes filles; puis l'on dansait.

Pendant le bal, les jeunes filles mettaient aux enchères les œufs qui leur avaient été donnés dans la journée et le *Mai,* c'est-à-dire le droit de porter à la procession de la Fête-Dieu un grand cierge, ordinairement du poids de quinze à vingt livres, que l'on avait acheté avec le produit en argent des quêtes et de la vente des œufs.

Le garçon qui était adjudicataire du « Mai, » portait le titre de *Roi-de-Mai;* il choisissait, en nombre pair, des jeunes filles qui étaient les *filles d'honneur du Mai;* celle qu'il aimait était désignée la première; elles devaient, portant de petits cierges, l'accompagner à la procession de la Fête-Dieu. Le soir il offrait un repas et un bal, dont il faisait les honneurs avec celle qu'il préférait (2).

A Bouzemont, les jeunes filles allaient de portes en portes chanter un *trimaza;* on leur donnait, le plus souvent, une pièce de monnaie. Le produit de la quête servait à l'entretien d'un autel à la Vierge.

Quan lo mà vint é lè ville,
Oh ! le ma, lo ma, lo joli mâ !
Il y vint pain et fèrine.

(1) *Bulletin de la Société d'Archéologie lorraine,* 1855, 2e partie.
(2) RICHARD, ouvrage cité, p. 175.

> *O Trimoza ! le joli ma de Moua !*
> *J'devena de vore les biés.*
> *Oh ! lo ma, lo ma, lo joli ma,*
> *Dey les bénisse, y sont bés.*
> *O Trimoza ! lo joli ma de Moua !*
> *Pou les pores et les riches* (1)...

On remarquera ce mélange de religion et d'amour, ces invocations à Dieu pour qu'il protège les récoltes; il est clair que, comme jadis, toutes ces cérémonies étaient destinées à célébrer le retour du printemps, le réveil de la nature.

IX

Je serai bref de commentaires sur le carnaval; tout le monde sait par quelles folies les Grecs, les Romains honoraient Bacchus, Pan, Saturne... et les Gaulois, le soleil.

Ces folies se sont continuées à travers le Moyen âge et l'époque moderne jusqu'à nos jours.

Dans l'antiquité, la cérémonie du bœuf gras se célébrait à l'équinoxe du printemps, quand le soleil entrait dans le signe du Taureau. Ce jour-là, les Gaulois égorgeaient un taureau, revêtu d'une étole sacerdotale. C'était le taureau équinoxial, emblème de la force productrice du printemps, auquel des Druides demandaient d'abondantes récoltes (2).

Les Romains tentèrent de remplacer cette cérémonie par le culte de Cybèle, dont on promenait l'image dans les champs, pendant trois jours; ce sont aujourd'hui nos Rogations.

Le taureau gaulois subsista quand même; il est devenu le bœuf gras.

Les péripéties par lesquelles a passé cette cérémonie,

(1) *Statistique des Vosges,* 2ᵉ partie (voir Bouzemont.)
(2) BEAULIEU, *Archéologie lorraine.*

ont bien singulières : venue d'Égypte, elle passa en Grèce, à Rome. Les Gaulois honoraient également cet utile animal. Sous le Christianisme, elle perdit son caractère religieux pour devenir un amusement. Au XVe siècle, les maîtres bouchers commencèrent à fournir le bœuf destiné à être promené; au XVIIIe, c'était une véritable fête qui faisait époque. Elle avait lieu le Jeudi-Saint et se terminait par le « sacrifice » de l'animal.

Aujourd'hui, quand on promène un bœuf gras, ce n'est plus qu'une réclame de boucher!

En Lorraine, on a conservé longtemps la promenade triomphale du Bœuf-Gras. On l'appelait le *Bœuf Tabouré*. Cette expression vient de *Tabourner* : frapper du tambour; bœuf tabouré voudrait dire bœuf assourdi par le bruit des tambours et tambourins qui l'accompagnent (1).

Le « bœuf tabouré » fut promené le jour de Jeudi-Gras par les bouchers, il fut même introduit dans l'appartement des princesses et chez les principaux personnages (2); on le faisait sauter et danser « à sa manière (3). »

Parfois on plaçait sur ce bœuf, à califourchon, les bourgeois chargés de la faute grave d'avoir laissé battre leurs voisins par leurs femmes.

A Saint-Dié, lorsque le mari recevait une correction de sa femme, c'était le... voisin qui en répondait (4) ! Voilà une nouvelle manière de comprendre l'assurance mutuelle entre hommes mariés ! On forçait le malheureux voisin à monter sur un âne, la tête tournée vers la queue de l'animal, et au milieu de rires, quolibets, on le promenait dans toute la ville.

---

(1) NOEL, *Mémoires pour servir à l'histoire de la Lorraine*, N° 5, 2e vol., notes p. 29.

(2) Cette cérémonie eut lieu en 1699, au début du règne de Léopold.

(3) Cette phrase est de Dom Calmet.

(4) NOEL, ouvrage cité.

GRAVIER, *Histoire de Saint-Dié*, et *Bulletin de la Société philomatique*, 1880. 1881 (*Une Coutume de carnaval*), p. 71 et suiv.

Comme on le pense bien, ces farces provoquaient des disputes, des rixes, et on finit par les interdire (1).

L'image du taureau équinoxial était, je l'ai dit, l'emblème de la fécondité de la terre; aussi le retrouve-t-on sur bien des monnaies antiques. Naguère, dans la vallée de la Haute-Moselle, les écus de six livres, frappés — sous l'ancien régime — à l'empreinte du bœuf, étaient, sous le nom d'*écus à la vache*, de merveilleux talismans : ils préservaient l'heureux possesseur de l'incendie, de la foudre, des sortilèges ; placés dans la mangeoire, ils rendaient les mêmes services aux bestiaux (2).

Dans les saturnales de l'antiquité, comme dans le carnaval du Moyen âge, les festins jouaient un grand rôle ; les Dieux en avaient leur part, on leur offrait des gâteaux sacrés. Ces festins, ces gâteaux, on les retrouve dans les folies du carnaval.

A la fête des fous, à Auxerre, les chanoines (3) jouaient à la balle dans la cathédrale; puis venaient les danses et le festin. A Évreux, à la fête des cornards, les sonneurs jetaient, du haut du clocher, sur la foule, des galettes que l'on appelait *casse-museaux* (4).

Nous retrouvons en Lorraine des restes de ces coutumes, qui jadis revêtaient un caractère sacré : « A l'époque où le Chapitre de Saint-Dié voulut construire une ville nouvelle

(1) A Saint-Mihiel, la veille de la Saint-Gengoult (patron des maris malheureux en ménage), on portait des cornes devant les maisons des femmes que l'on supposait ne pas donner l'exemple d'une fidélité conjugale absolue. On dessinait même de ces cornes sur leurs portes et on épiait ce que les femmes ou leurs maris diraient le lendemain à leur réveil. Un habitant de cette ville, devant la maison duquel on en avait mis un monceau, était sorti le premier. Étonné de cet amas de cornes déposé chez lui, il s'écria : « Quels sont donc les cornards qui sont verus se peigner devant chez moi. » — NOEL, ouvrage cité, n° 5, 2ᵉ vol., notes, p. 30.

(2) Voir RICHARD, *Traditions populaires*, au mot *écu à la vache*, p. 123. — VOULOT, *Les Vosges avant l'Histoire*, p. 128.

(3) Cette coutume ne cessa qu'en 1538.

(4) MICHELET, *Histoire de France*, t. II. Nous avons encore en Lorraine un gâteau de pommes appelé *casse-mouset*.

autour du cloître, le village de Moriville envoya une colonie importante. Le Chapitre fit des sacrifices pour repeupler ce village, qui lui fournissait beaucoup de blé ; entre autres moyens qu'il employa pour y parvenir, il abandonna au monastère de Blainville les redevances qu'il avait dans ce dernier lieu, en échange d'une *tarte à la crème*, faite avec la fleur d'un grand bichet de froment. Le *dimanche gras,* un échevin de Moriville allait recevoir cette tarte au nom du Chapitre, la faisait transporter en cérémonie dans son village et la partageait entre les mariés de l'année et les nouveaux habitants (1). »

A Noël, les parrains et marraines donnaient à leurs filleuls et filleules un gâteau connu sous le nom de *cugneu* ou *quénieux.* Au commencement du Carême, on vendait (2) d'autres gâteaux ayant la forme de croissants. On les appelait des *cornottes,* ou *counottes,* ou *conattes* (3).

De nos jours, on mange encore le beignet de carnaval ; comme pour les Rois, les pauvres allaient de maison en maison quêter de ces beignets en chantant :

> *Cercles, cercles de roses*
> *Les beignets sont levés*
> *Poêles, poêles pétillent*
> *Les beignets sont rôtis.*
> *Beignets hors ! Beignets !*
> *Ou je fracasse la baraque* (4).

(1) *Département des Vosges,* t. VII, p. 90. — GRAVIER, *Histoire de Saint-Dié.*

(2) A Clefcy et à Rambervillers, entre autres lieux.

(3) RICBARD, ouvrage cité, p. 101. — DOM CALMET, *Dissertation sur les divinités païennes adorées autrefois en Gaule,* art. IX. Ce travail de Dom Calmet, inédit jusqu'en 1876, a été publié par M. Dinago dans le Bulletin de la *Société philomatique,* 2ᵉ année (1876).

(4) VOULOT, *Les Vosges avant l'Histoire.* C'étaient les montagnards du val de Munster qui allaient ainsi quêter de ces beignets. Voici le texte de ce chant en langue alsacienne :

> *Reihe, Reihe Rose !*
> *D'Kehchle sen geblose,*

Je ferai remarquer le caractère religieux de ces mots : *cercles, cercles* qui figurent dans ce chant; cercle rappelle l'image ronde du soleil : « Phébus, tu faisais paître les bœufs qui *courbent* en marchant leurs pieds à forme de *croissants...* O soleil ! dont les rapides coursiers répandent *circulairement* la lumière* [1]. »

C'est toujours par une forme ronde que l'on rappelle la forme du soleil; si on le fête, c'est *en rond* que l'on danse; si on le chante, c'est sa *forme circulaire* que l'on évoque.

Je suis amené ici à parler des légendes du *fer à cheval*, de l'empreinte laissée par le pied de ces animaux qui entraînent le char de Phébus.

Tout le monde connaît, près de Gérardmer, la *pierre de Charlemagne*. Le grand empereur qui a laissé des souvenirs si vivaces dans nos Vosges, se serait reposé, un jour de chasse, sur cette pierre : « Il est curieux de voir le montagnard, toujours bon et simple, porter sur ce bloc des regards scrutateurs et chercher dans une faible excavation l'empreinte, très douteuse, qu'aurait faite dans le roc le pied du coursier du valeureux prince [2]. »

Cette excavation a, en effet, une forme au trois quarts circulaire; elle peut être prise pour une empreinte de fer à cheval. Nous avons affaire ici au culte des pierres, ou plutôt à une pierre révérée à cause de l'empreinte qu'elle porte et qui était le symbole du soleil.

Charlemagne a laissé, dans le pays de Gérardmer, des souvenirs que l'on retrouve à l'état de légende. Quoi donc d'étonnant, le souvenir de l'adoration du soleil étant dis-

> *Pfanne, Pfanne krache*
> *D'Kehrhle sen gebache,*
> *Kehchle rus ! Kehchle rus*
> *Od'ri schlag è loch en's Hus.*

[1] MACROBE, *Saturnales,* livre 1er, chap. XVII.
[2] JACQUEL, *Histoire de Gérardmer,* p. 58.

paru, que, pour ces montagnards, ce soit le cheval de ce souverain, devenu légendaire, qui ait laissé l'empreinte de son pied sur cette roche?

X

Pline (1) raconte que, durant l'été, on voit se rassembler dans certaines cavernes de Gaule, des serpents sans nombre qui se mêlent, s'entrelacent et, avec leur salive, jointe à l'écume qui suinte de leur peau, produisent une espèce d'œuf.

Lorsqu'il est parfait, ils l'élèvent et le soutiennent en l'air par leurs sifflements; c'est alors qu'il faut s'en emparer avant qu'il ait touché terre.

Un homme aposté à cet effet, s'élance, reçoit l'œuf dans un linge, saute sur un cheval qui l'attend et s'éloigne à toute bride, car les serpents le poursuivent jusqu'à ce qu'il ait mis une rivière entre eux et lui. Il fallait l'enlever à une certaine époque de l'année. On l'éprouvait, en le plongeant dans l'eau; s'il surnageait, quoique entouré d'un cercle d'or, il avait la vertu de faire gagner les procès et d'ouvrir un libre accès auprès des rois. Les Druides le portaient au cou, richement enchâssé.

Pline assure avoir vu cet œuf merveilleux, qui ne serait autre qu'un oursin fossile.

Aujourd'hui, quand nos Vosgiens trouvent dans le nid de la poule un petit œuf tout rond, on croit qu'il a été pondu par un... coq! Il faut bien se garder de le faire couver, il en sortirait un serpent!

L'œuf était regardé comme une substance mystérieuse, comme l'emblème de la nature; par sa forme ronde, —

---

(1) PLINE, *Hist. nat.*, livre XXIX, parag. XII.

comme le soleil, — il représentait la durée de toutes les générations successives, il n'a ni fin, ni commencement; les Grecs, les Romains avaient l'habitude de déposer des œufs sur les autels des divinités qu'ils honoraient particulièrement, surtout sur ceux des dieux pénates, protecteurs du foyer domestique.

Aussi, offrir un œuf était-il un acte de bienveillance, un emblème du nombre infini d'années que l'on souhaitait au visiteur ([1]).

A Sapois, à Pouxeux, on offrait à la nouvelle épouse, quand elle entrait dans la maison de son mari, un œuf et des noisettes.

A Rome, c'est au dieu protecteur du foyer que l'on offrait ces œufs dans la même circonstance.

Nos Vosgiens en offraient également aux enfants, aux grandes personnes, quand ils entraient pour la première fois dans une maison.

Deux personnes qui se rencontraient par hasard trois fois dans la même journée, devaient s'offrir mutuellement un œuf.

L'œuf pondu le Vendredi-Saint, arrête les incendies provoqués par la foudre — le feu du ciel. — Ce même œuf, mangé, préserve de la fièvre; à La Bresse, c'était de la rage. Il ne pouvait éclore, si bonne que soit la couveuse ([2]). Ce rôle de l'œuf, dans le culte des familles pour les dieux du foyer, expliquera l'origine de l'œuf de Pâques.

XI

L'effroi qu'inspire l'ombre des vieilles futaies, fait naître la foi à la divinité, a dit Sénèque : l'imagination de

(1) BEAULIEU, *Archéologie lorraine*.
(2) BEAULIEU, *Archéologie lorraine*, t. I⁰ʳ, p. 261.

nos aïeux a peuplé, en effet, les vastes forêts qui couvraient le sol, d'esprits qui étaient des êtres farouches, noirs, hideux, vrais diables qui personnifiaient la vie sauvage; ou bien des êtres aux formes les plus variées, les plus gracieuses qui, dans les clairières et les futaies, menaient joyeuse vie (1).

L'homme crut voir une personne dans les plantes, c'est pour cela qu'il lui attribua, comme à la nature entière, une âme analogue à la sienne. Il conçoit donc l'arbre pensant, voulant, souffrant, souvent uni à lui-même par un lien sympathique secret. Cette croyance, on la retrouve dans divers usages : celle de planter des arbres à la liberté, qu'on s'empresse de détruire, une fois tombé le régime dont il était le symbole (2); celle de planter, comme cela se faisait, dans certaines localités des Vosges, un arbre le jour de la naissance d'un enfant, ou bien, l'obligation, comme à Saint-Dié, pour les jeunes mariés, de planter dans la première année de leur mariage, un arbre fruitier, « comme poirier, pommier, cerisier ou noyer sur le bord du chemin, en lieux qui leur sont désignés, et les entretenir pour qu'ils soient en défense contre le bétail (3). »

L'âme de l'arbre était conçue comme sortant de l'arbre, vivant et agissant par elle-même; ainsi s'est formée toute cette classe de personnages dont je parlais plus haut, que l'on peut considérer comme les esprits de la végétation : à cet ordre d'idées se rattachent les *fêtes de Mai* les *rois et les reines de Mai,* dont j'ai déjà parlé, qui représentent aussi les génies de la végétation, à un moindre degré pourtant, car ils sont plutôt les accessoires du mythe du soleil (4).

(1) MAURY, *Les grandes forêts de la Gaule.*
(2) MANNARDT, *Der Baumkultur* (du culte des arbres) *der Germanen.* Berlin, 1875. — GAIDOZ, *Revue celtique,* vol. III, N° 1 (1876.)
(3) DE GOLBÉRY, *Bulletin de la Société philomatique,* 1876, et GRAVIER, *Histoire de Saint-Dié.*
(4) MANNARDT, ouvrage cité.

Les forêts vosgiennes avaient leur dieu, *Vosagus,* et les Druides y avaient établi leurs sanctuaires. Le culte des Gaulois pour l'arbre est si connu, qu'il est inutile d'insister. Il aimait à se faire enterrer sous l'ombrage des forêts ; à La Goutte-des-Tombes, près Bonneval, à Bouzemont, à Martigny, on a trouvé de leurs sépultures dans les forêts avoisinant (1).

De nos jours, dans nos cimetières, on plante un arbre sur la tombe d'un parent mort. Ils étaient, en si grande quantité à Rambervillers, qu'il fallut les abattre.

Le culte de l'arbre, si vulgarisé en Gaule par le druidisme, persista pendant des siècles après l'établissement du Christianisme. Le Concile d'Auxerre (598) défendit aux fidèles de « rendre leurs vœux dans les haies, auprès des arbres ou sur les fontaines... » Plus tard, au Concile de Nantes (658), il est ordonné aux évêques de faire arracher et brûler les arbres que les peuples adorent, et pour lesquels ils ont une telle vénération qu'ils n'en oseraient couper la moindre branche (2).

Parfois, on n'osait arracher ou brûler l'arbre sacré ; l'Église se l'appropriait en y plaçant l'image d'un saint vénéré dans la région.

Il est un grand nombre de localités, dans les Vosges, qui ont encore de ces saints placés sur des arbres : dans la vallée de Ramberchamp (Gérardmer), on trouve sur un sapin, un saint Antoine ; proche La Bresse, un sommet, le Haut-de-la-Vierge, doit son nom à une vierge également placée sur un arbre..., etc...

Les chapelles, les églises avaient ou ont encore des arbres à leurs côtés. Ainsi la chapelle de la Trinité, près Gérardmer, celle de Longemer, celle du Brabant (La Bresse)... sont entourées de tilleuls. A Saint-Dié, près de

(1) *Statistique des Vosges,* t. II, p. 62-69 et 329.

(2) DOM CALMET : *Des Divinités païennes autrefois adorées en Lorraine. Société Philomatique de Saint-Dié,* 2ᵉ année, 1876.

la Cathédrale, on voit aussi un vieux tilleul. Il semblerait que, dans nos montagnes, l'arbre religieux fût le tilleul.

Pour bon nombre de ces chapelles, l'arbre sacré, — renouvelé bien des fois depuis, — existait le premier. Le saint, venu ensuite, au lieu d'être placé sur l'arbre, l'était dans un bâtiment. Celui-ci, le plus souvent, était construit, comme nous le verrons plus loin, avec les débris d'un Menhir ou d'un Dolmen.

C'est sous un arbre que l'on rendait la justice : à La Bresse, par exemple, où cet arbre était un tilleul. C'est aussi à un arbre — Bouzemont — que l'on pendait les condamnés.

A La Bresse, quand le Maire était élu, on lui remettait, comme insigne de sa dignité, un petit bâton blanc.

Dans presque toutes les communes vosgiennes, c'est avec des branches que l'on orne les façades des maisons, le jour de la Fête-Dieu.

Bon nombre de ces arbres devinrent le but de véritables pèlerinages; mais il en est d'autres qui conservèrent leur antique culte. Le plus célèbre fut l'*arbre des fées*, près Domremy, qui figure dans l'histoire de l'enfance de Jeanne d'Arc.

C'était un hêtre magnifique, qui portait le nom caractéristique de *Beau-May*. Au printemps, les jeunes filles de Domremy venaient y danser et l'ornaient de guirlandes en l'honneur des fées. On le voit, c'était un de ces arbres qui représentait, dans l'esprit des populations voisines, ces êtres bons et gracieux qui hantaient la forêt.

Il y aurait une étude à faire sur l'influence incontestable des vieux mythes celtiques sur la vocation de Jeanne d'Arc; on y retrouverait Belen, devenu l'archange Michel pour lequel Jeanne avait un culte particulier (le culte de tous les Français d'alors, du reste), et dont le premier elle entendit la voix; on retrouverait des restes de l'influence du Druidisme, dans ces visites mystiques qu'elle faisait au « beau may » hanté par les bonnes fées (¹).

XII

Diane eut longtemps ses adorateurs dans nos forêts vosgiennes. Ce culte, sous l'influence des Germains, puis du Christianisme, s'est transformé en celui de saint Hubert.

L'Ardenne, patrie de saint Hubert, fut divinisée comme les Vosges; des inscriptions témoignent de ces personnifications. Le culte de Diane persista longtemps; on trouvait dans la forêt des « *Dianatici,* » sortes d'ermites qui se livraient à de sanglantes mortifications en l'honneur de leur divinité. Ils excitèrent les colères de l'Eglise. Il existait au Moyen âge des démons du nom de Dianus :

« Celui qui fera magie, sortilège, édictait au XIV⁰ siècle le duc de Lorraine Raoul, ou se vantera, la nuit, d'avoir *chevauché avec Diane* ou telle autre vieille qui se dit magicienne (²), sera puni etc... »

L'invasion germaine transforma ce culte; il y eut fusion avec Wodan ou Odin, ce dieu qui conduisait sa bande mystérieuse, ses chasseurs, ses chiens, à la clarté de la lune dans les solitudes de la forêt, et qui devint, dans l'esprit du « pagani (³) » devenu chrétien, le démon Dianus.

C'est dans l'Ardenne que saint Hubert déploya le plus de zèle pour la conversion des païens; c'est-à-dire dans le pays de la chasse par excellence; il était, dès lors, tout naturel qu'il devînt le patron des chasseurs; que, par suite, ce fût

---

(1) Siméon Luce. *Jeanne d'Arc à Domremy*. Henri Martin, *Histoire de France.*

(2) *Chroniques, lois, mœurs et usages de la Lorraine,* recueillis par Jacques Bournon.

(3) Je ferai remarquer que *païen* vient de *Pagani,* c'est-à-dire, ce que nous appelons aujourd'hui les paysans ou ruraux.

lui qui prît la direction de ces chasses fantastiques que les Allemands appelaient la chasse sauvage, qui, chez nous, devint la chasse de saint Hubert (1).

Qui dit pays de forêts, dit terres de chasses, et qui dit terres de chasses dit pays de légendes.

Les Vosges, comme l'Ardenne, étaient par excellence une terre de chasses ; aussi retrouvons-nous la légende de la chasse sauvage : c'est le tourbillon qui passe à l'horizon ou au-dessus de nos têtes avec des bruits étranges. On l'attribue à un être surnaturel qui chasse avec sa meute dans les nues.

Il existe, proche Rozerotte, un bois dit « *Bois des Beaumes*, » que les gens du pays croient habité par l'âme d'un ancien chasseur appelé Jean des Beaumes : « On raconte que pour avoir chassé chaque dimanche sans jamais penser à Dieu, il fut condamné à chasser éternellement sans pouvoir atteindre le gibier qu'il poursuit. On prétend même que, pendant certaines nuits de l'année, on l'entend encourager ses chiens (2). »

C'est bien la légende de la chasse de saint Hubert, chasse saint Eustache, haute chasse... etc.

Dans d'autres parties du département, la chasse de Jean des Beaumes devient le « *Mouhi hennequin* ; » c'est une troupe de musiciens que l'on entend quelquefois dans les airs pendant les fraîches nuits d'été et qui déchirent impitoyablement les personnes assez malheureuses pour en être vues.

A Rochesson, on vous dira que cette symphonie n'est autre chose que les cris des enfants décédés sans avoir reçu le baptême ; à Cleurie, quand le Mouhi hennequin passe,

---

(1) H. GAIDOZ, *la rage et saint Hubert*, p. 35 et suiv.

A. MAURY, *Histoire des grandes forêts de la Gaule*, 1850. — *Les forêts de la France dans l'antiquité et au Moyen âge*. (Imprimerie impériale, 1856.)

(2) *Statistique des Vosges*, t. II, mot : Rozerotte. — *Département des Vosges*, t. VII, mot : Rozerotte.

c'est qu'il emporte à grand bruit une âme dont il est assuré (1).

A Ventron on l'appelle le *Remolin*, à Cleurie, le *R'molair*, parce que les divers sons qui forment cette musique ressemblent à ceux que produit la roue d'un remouleur quand il aiguise ses couteaux.

Saint Hubert était fort vénéré dans les Vosges. L'abbaye d'Autrey (2) possédait une relique du saint; aussi l'affluence des pèlerins était si grande que « ny les boulangers, ny les vendeurs de vin ne peuvent y conduire assez de vivres, tant curieux soient-ils de débiter et profiter (3). »

Le culte de saint Hubert se maintint jusqu'au dernier

---

(1) RICHARD, *Traditions populaires*, p. 220. — THIRIAT, *La Vallée de Cleurie.* — MAURY, *Les Forêts de la France,* etc., p. 16 et 17.

THIRIAT donne l'étymologie suivante du *Mouhi-hennequin* ou *Mouni-hennequin :* *Megneye*, domestique; *Hennequin*, diable qui habite les airs.

Cette légende de la chasse sauvage se retrouve en Suède, en Allemagne, en Angleterre, en France; chez les Scandinaves, les forêts sacrées étaient placées sous l'invocation d'Odin ou Wodan. En Allemagne, quand un bruit soudain se faisait entendre, le peuple disait : C'est Odin qui passe. Odin devenu le diable, sa chasse est devenue infernale pour les chrétiens. En Angleterre, cette tradition se présente sous des formes multiples. Le héros mystérieux est un personnage celtique : le roi Arthur, par exemple, si bien que l'on peut se demander si c'est au roi Gallois ou à Odin qu'il faut rattacher la légende primitive. En France, saint Hubert s'est substitué aux personnages celtiques ou germains.

Notre Jean des Baumes semble venir d'Allemagne : dans ce pays, il s'appelle le *Général Sparr*, le *Comte de Schulenbourg*. Le bois des Baumes est situé entre Rozerotte et la ferme de Schamberg, ferme construite en 1708 par le seigneur de Remoncourt.

Ce nom allemand qui désigne l'emplacement de la ferme, existait bien certainement depuis longtemps. Peut-être était-ce un bois que l'on a défriché pour la création de cette ferme?

Il pourrait bien être une altération de Schulenbourg. Enfin ce nom de *Jean*, donné à *Jean* des Baumes, ne viendrait-il pas de *Joe* ou *Joejager*, donné par certaines populations du Nord au chasseur mystérieux?

Voir MAURY, *Les Forêts de la France*, etc,, p. 17.

On trouve encore des personnes qui affirment avoir entendu de ces bruits mystérieux dans l'air. On appelle ce phénomène l'*Acousmate* ou la *Voix d'en haut*. Voir *Mythologie allemande dans une vallée d'Alsace*, par l'abbé BRAUN.

(2) Autrey, 7 kil. Sud de Rambervillers.

(3) RUYR, *Les Sainctes Antiquités de la Voge.*

moment : en 1792, l'abbaye d'Autrey fut vendue comme bien national et transformée en usine. Qu'allait devenir la célèbre relique? Toutes les communes du voisinage s'en disputaient la possession. Rambervillers les met d'accord toutes, en s'en emparant de vive force [1].

Au pied du Donon, « les montagnards passant le soir dans une sombre forêt, à la lueur des éclairs, au bruit retentissant de la foudre, ne manquent jamais de réciter cette prière qui les préserve de tous dangers... »

« Grand St. Hubert, patron des Ardcignes ! qu'avez eu la gloire de voir not'Seigneur Jésus-Christ crucifié entre les cornes d'un cerff, et d'recevoir miraculeusement l'étole par le ministre (le ministère) d'un ange, dont nous vous demandons d'nous octroyer la grâce en nous préservant de rage, maléfice, coups de tonnerre et autres maux. Priez pour nous, grand saint Hubert [2] !... »

Après la messe de saint Hubert, qui se célébrait sous les épaisses voûtes des forêts, on se rendait à un repas où l'on chantait :

> *O saint Hubert !*
> *Le front découvert,*
> *Nous chantons ta gloire.*
>
> *Nous allons boire*
> *Et porter ta santé*
> *A la postérité* [3].

XIII

Le culte des fontaines est une des formes de la religion

----

(1) A. FOURNIER, *Rambervillers pendant la Révolution. Annales de l'Est.* 1889, N° 2, p. 204 et suivantes.

(2) VOULOT, *Les Vosges avant l'histoire*, p. 145. Il y a encore des cerfs aux environs du Donon.

(3) VOULOT, ouvrage cité, p. 146.

naturelle antérieure au christianisme, qui s'est conservé
avec le plus de force dans les pays celtiques (1).

La reine Brunehaut, l'empereur Charlemagne édictaient
les peines les plus sévères contre les adorateurs des fontaines; les Conciles tenus en Gaule protestaient violem-
ment contre les chrétiens qui faisaient des vœux auprès
des fontaines.

L'Église dut capituler, elle dut s'assimiler les fontaines,
faire ce qu'elle avait fait pour les arbres : leur donner une
étiquette chrétienne.

De nos jours, il est bien peu de pèlerinages qui n'aient
une source douée du pouvoir de faire des miracles; je ne
citerai que la plus célèbre, celle de Lourdes.

Les Druides trempaient dans l'eau le gui sacré et en faisaient de l'eau... bénite !

Cette eau... celtique guérissait les maladies, tout comme
celles des sources consacrées aux divinités romaines ;
comme celles qui furent placées sous le patronage des
saints chrétiens.

Ces fontaines — qui sont restées les mêmes — ont successivement joui des mêmes vertus, des mêmes pouvoirs
avec les Druides, avec les prêtres gallo-romains, avec ceux
du christianisme !

« En ce pays-cy (les Vosges), c'est encore la coutume
aujourd'huy de mettre des branches de verdure, ornées de
fleurs et de rubans, sur les poteaux d'où sortent les fontaines au milieu des villages, surtout dans les pays de montagnes... Nous savons qu'encore aujourd'hui (XVIIIᵉ siècle),
les femmes superstitieuses, dans les maladies de leurs enfants, vont laver des linges dans les fontaines qui coulent
au pied de certains rochers, croyant sans doute que ces
eaux ont une vertu particulière contre ces maladies (2)... »

(1) *Revue celtique*, vol. 2, N° 4, 1875.
(2) Dom CALMET, *Des Divinités païennes adorées en Lorraine*, art. XIII. — *Société philomatique*, 1876.

A quelques mètres de l'église de Lay-Saint-Remy se trouve la fontaine de saint Léger. Lorsqu'une personne est malade, on prend un linge à son usage et on touche les reliques du saint; puis on se rend à la fontaine, on étend le linge sur l'eau, s'il surnage, le malade guérit; dans le cas contraire, il est condamné (1).

A Provenchères-les-Darney, on trouve la fontaine Sainte-Colombe, autrefois très fréquentée. On y allait en procession pour obtenir la guérison d'enfants malades.

Pont-les-Bonfays possède une source dédiée à saint Michel (transformation de Belen), qui guérissait les grandes personnes.

A Plainfaing, à Vittel, à Sainte-Claire, près Provenchères-sur-Fave, c'étaient les yeux qui guérissaient sous l'action miraculeuse de ces eaux.

A Ambacourt, c'est la fièvre qui disparaît, grâce à la source Saint-Thiébaut (2).

Dans la forêt de Fossard (Remiremont), non loin du menhir de Kerlinkin, se trouve la source de Sainte-Sabine, dont on disait :

> *La fontaine de Sainte-Sabine*
> *De tout mal affine.*

Elle guérit les ulcères, les abcès; il suffisait de les piquer avec une épingle, que l'on jetait dans le bassin de la source.

Celle-ci était surtout fréquentée par les jeunes filles en quête de mari. Elles jetaient dans l'eau une épingle, si elle surnage, leurs désirs seront exaucés. Seulement la fontaine n'avait ce pouvoir que le jour de la sainte Sabine (3).

Le joli lac de La Maix (près Vexaincourt), fut jadis un lac consacré à l'époque druidique. Il a conservé le privilège

---

(1) LEPAGE, *Statistique du département de la Meurthe.*
(2) RICHARD, ouvrage cité. — *Département des Vosges*, t. VI et VII. — *Statistique des Vosges*, t. II.
(3) RICHARD, ouvrage cité.

de rendre la vie quelques instants aux enfants morts-nés.
On profitait de ce retour à la vie pour les baptiser.

L'autorité ecclésiastique dut intervenir et rappeler aux
populations des vallées de Celles et de Senones, que cette
coutume était une tromperie et qu'il était défendu de baptiser les morts.

Un puits des environs de Château-Salins jouissait également de ce merveilleux privilège.

En Lorraine, le jour où l'on chantait le *Lætare Jerusalem,*
était appelé le *dimanche des fontaines.*

On se rendait processionnellement à une fontaine, pour
y boire de son eau, ce qu'on appelait *faire ses fontaines* ou
célébrer le *dimanche des fontaines.* (¹).

Comme pour les arbres, il est de ces sources qui sont
restées vouées aux fées, aux démons, c'est-à-dire aux dieux
du paganisme. Ainsi à Domremy se trouvait, proche le
« beau May, » une source qui guérissait la fièvre; comme
le « beau May, » elle était vouée aux fées du Bois-Chenu,
c'est-à-dire aux génies bienfaisants qui vivaient dans la
forêt.

La grande source minérale de Vittel, connue des Romains, totalement abandonnée ensuite, devint au contraire
un « lieu maudit, » où l'on ne s'aventurait qu'en tremblant
et en se signant. Elle était hantée par les esprits infernaux.
Le voyageur égaré la nuit, y rencontrait des farfadets et
des hennequins. Des feux étincelants éclairaient leur route
aérienne, et permettaient de distinguer leur hideuse figure,
leurs yeux flamboyants, leurs gueules menaçantes, leurs
griffes meurtrières. Chacun fuyait à leur aspect, en sorte
que, « oncques l'on ne pouvait savoir ce qui se passait dans
leurs assemblées (²). »

---

(1) RICHARD, ouvrage cité.
(2) *Eaux minérales des Vosges.* — Hachette, 1879. En creusant les fondations
de l'établissement de Vittel, on a trouvé de nombreuses fibules romaines, des

Cette source, dont le Christianisme ne s'était pas emparé, autrefois fréquentée par les Gallo-Romains qui, tout naturellement, l'avaient consacrée à un dieu local, — dieu qui devint un diable, — était devenue un endroit maudit, un lieu de réunion du sabbat.

Il existait encore d'autres coutumes et croyances relevant du culte des fontaines :

Au nouvel an, à l'heure de minuit, on allait aux fontaines chercher de la « nouvelle eau » qui était immédiatement distribuée aux bestiaux. C'était un moyen d'assurer leur santé, d'en augmenter la vigueur. Celui qui arrive le premier, brûle de la paille sur le bord de l'auge (1). Ici, nous retrouvons un reste du culte de Belen ; on lui consacrait la fontaine le premier jour de l'an, en même temps que le feu la purifiait.

A Rome, on croyait qu'à la mort, l'âme du défunt, en sortant du corps, se précipitait dans de l'eau ou du lait.

A Plainfaing, sitôt le décès, on jette hors la maison l'eau contenue dans les vases ; l'âme du défunt pourrait s'y noyer.

C'est par un motif de charité, qu'à Raon-aux-Bois l'on répandait aussi l'eau ; celle contenue dans le verre ou le cristal aurait permis d'assister au combat de l'âme du mort avec le diable et peut-être au succès de ce dernier.

Pour les habitants de Cornimont, quand un pot plein d'eau boût sur le feu et qu'il n'y a rien autre que de l'eau, les âmes du purgatoire viennent y prendre un bain ; comme c'est de l'eau bouillante, elle aggraverait forcément les souffrances auxquelles ces âmes sont momentanément condamnées. Aussi les personnes pieuses et charitables s'empressent-elles de retirer le vase du feu (2).

médailles et plusieurs hypocaustes ou fourneaux en briques, destinés à chauffer l'eau minérale.

(1) BEAULIEU, *Archéologie lorraine*, t. Ier, p. 253.
(2) RICHARD, ouvrage cité, pages 111, 123, 139.

XIV

Après le culte des arbres, des sources, vient celui des pierres.

On en trouve moins de vestiges par cette raison que, le plus souvent, la pierre, — le menhir, — a été brisé pour servir à la construction destinée à abriter la nouvelle divinité.

Quoiqu'il en soit, le culte de la pierre, qui a joué un si grand rôle dans les religions antiques et tout particulièrement en Gaule, se retrouve jusque dans les pèlerinages contemporains : la Grotte de Lourdes en est un exemple péremptoire; c'est sur le *Roc-Amadour*, — département du Lot, — qu'est placé un pèlerinage célèbre; sainte Odile, dans les Vosges, est également sur un rocher, autrefois le centre d'un sanctuaire druidique.

Près de Gérardmer, on voit peinte, sur une roche élevée, une image de la Vierge, — la Vierge de la Creuse. — Jadis, il y avait là une arête rocheuse; celle-ci s'écroula, et sur un fragment resté debout, apparut une image de la Vierge tenant son fils entre les bras (1).

Au hameau de Hangochet (Plainfaing), au pied d'une roche fort élevée, ayant la forme d'une tour carrée, — une pierre levée, — existe une petite grotte dans laquelle se trouve une vierge très ancienne qui a le pouvoir d'apprendre aux jeunes filles si elles seront bientôt mariées (2).

En d'autres lieux, on trouve des niches creusées dans le roc, où l'on a placé un saint vénéré dans la région.

Aujourd'hui, c'est à la Vierge, au Saint, que l'on s'adresse, autrefois c'était au rocher (3).

---

(1) JACQUEL, *Histoire de Gérardmer*, 1852.

(2) *Statistique des Vosges*, t. Ier.

(3) Je ferai remarquer que j'ai dû résumer le plus brièvement possible tout ce qui concerne l'adoration des arbres, des fontaines, des pierres. Je ne devais dire

On raconte, à Jarménil, qu'un braconnier traqué par des gardes, arriva à l'extrémité d'une haute roche voisine du village : il fallait se rendre ou sauter. Il sauta, non sans avoir recommandé son âme à tous les « Saints du Paradis et à la bonne Marie, Vierge et Mère de Dieu. » Il ne se fit point de mal. Ce braconnier, en témoignage de reconnaissance, fit graver à l'extrémité de la roche *l'empreinte de son pied*. C'était une manière de remercier la roche d'être revenu sain et sauf du saut qu'elle l'avait obligé de faire.

Autrefois on plaçait, dans les Vosges, aux endroits où se croisent les chemins, de ces empreintes ; c'étaient des *ex-voto* : on trouvait de ces pieds, de ces mains en bois suspendus à des arbres, à des croix, autour des fontaines, « à la manière des païens, » écrivait Dom Calmet.

XV

Dans nombre de communes, on reconnaît s'il y a une fille à marier par la manière dont le fumier est arrangé devant la maison ; s'il y a négligence, le garçon en quête de mariage s'éloigne. Les bords en sont-ils bien nattés ? il demande la permission d'entrer ; ce qui, le plus souvent, lui est accordé en lui disant : « Soyez le bien venu. » Cette expression de politesse rappelle le *Salve* inscrit sur les portes des maisons romaines.

Dans l'antiquité, les jeunes filles qui allaient se marier, disaient adieu à leurs jeunes années en consacrant leurs poupées et leurs jouets aux divinités qui avaient protégé leur enfance (1) ; elles allaient aussi se présenter à Diane,

que juste ce qu'il fallait pour faire comprendre la corrélation qui pouvait exister entre les croyances antiques et celles de nos jours. Du reste, cette question du culte des arbres, sources et pierres a été tant de fois étudiée qu'il était superflu d'insister.

(1) PERSE. *Satyre*. 11-70.

protectrice de la virginité et déposer sur son autel des corbeilles remplies d'objets précieux, afin de se la rendre plus favorable.

La nuit qui précédait les noces, la future allait, conduite par quelque parente âgée, prendre les auspices dans le temple voisin pour se concilier les bonnes grâces des dieux Pilumnus et Picumnus. On offrait enfin des sacrifices à Vénus, à Junon, aux Grâces.

Dans les Vosges, — à La Bresse, — si les jeunes filles n'ont rien appris qui atteigne la réputation de la fiancée, elles la conduisent, quelques jours avant son mariage, devant l'autel de la Vierge et, avec elle, chantent de pieux cantiques (1).

Ailleurs, c'était au moment du mariage, en entrant à l'église, que la jeune mariée allait s'agenouiller devant l'autel de la Vierge paré et orné. Pendant que ses compagnes, — les valentines, — appelaient sur sa tête la bénédiction de la Mère du Christ, par ses larmes, ses sanglots, elle témoignait de la peine qu'elle éprouvait à changer d'état (2).

A La Bresse encore, les deux plus proches parentes, — c'est-à-dire les *pro nubæ* romaines, — vont conduire sur un char et en grande cérémonie les meubles et les effets de la mariée au domicile du prétendu et préparer le lit nuptial.

A Rome, au moment où le cortège allait conduire la jeune mariée dans la maison de son mari, elle se réfugiait dans les bras de sa mère, d'où l'on feignait de l'arracher ; dans bien des localités vosgiennes, on cachait les souliers de la jeune épouse, on enlevait les roues des voitures, ou bien on lâchait les chevaux pour reculer le moment de son départ de la maison paternelle.

Dans les sacrifices à Vénus, à Junon, qui précédaient les mariages, on avait soin de jeter loin de l'autel le fiel de la victime, afin de bien indiquer que toute aigreur doit être

(1) RICHARD, ouvrage cité.
(2) BEAULIEU, *Archéologie lorraine*, t. Iᵉʳ, p. 272.

bannie du mariage; à Rochesson, le prétendu offrait à sa fiancée une assiette de riz au lait, très sucré, pour lui donner un avant-goût des douceurs de l'union qu'elle allait contracter.

Dans l'antiquité, la cérémonie du mariage était toute symbolique; les mariés se plaçaient sur une chaise jumelle recouverte de la toison d'une brebis offerte en sacrifice; tous deux se voilaient la tête; puis le Grand Pontife, après avoir offert le lait et le vin miellé aux Dieux, leur faisait manger le gâteau sacré (*far*), leur unissait les mains et prononçait les paroles sacramentelles.

Aujourd'hui, dans certains villages, le garçon et la fille d'honneur, à un moment de la cérémonie religieuse, tiennent tendues sur la tête des époux agenouillés une bande d'étoffe qui rappelle le voile dont se couvraient les Romains.

Le gâteau sacré — le *far* — se retrouve à Martigny-les-Lamarche : tout jeune marié de l'année devait, le jour de la Purification, appelé le *jour des roulans*, jeter dans une fontaine, au bas du village, un gâteau que les jeunes garçons s'efforçaient de saisir en tournant sur le bord de la fontaine et en se poussant les uns les autres, certains que celui qui y parviendrait serait infailliblement marié dans l'année.

Tout nouveau marié qui refusait le gâteau, devait s'attendre à ce que les garçons, dressant des échelles contre son toit, iraient démolir toutes ses cheminées, s'il ne rachetait son refus par de l'argent ou en offrant à boire (¹).

La plupart des mariages se contractaient par la *coemption,* « vente simulée que deux époux se faisaient l'un à l'autre de leur personne. La femme vient au Forum devant le préteur ou le duumvir. Elle a trois as (²) : l'un qu'elle remet au *libripens*, le second qu'elle dépose dans un simulacre de maison, le troisième qui est placé dans sa chaussure. Avec

---

(1) *Statistique des Vosges,* t. II.
(2) L'as, monnaie romaine d'une valeur de quinze centimes environ.

le premier, elle achète son mari ; avec le second, le droit d'entrer dans sa nouvelle demeure ; avec le dernier, les dieux pénates et la participation au culte religieux de la famille dont elle va faire partie (¹). »

A Bellefontaine, avant de quitter sa demeure pour se rendre à l'église, la future mariée *mettait une petite pièce de monnaie dans sa chaussure*. Cela lui portera bonheur.

Un violon, une clarinette précédaient les noces vosgiennes. Les garçons poussaient des *Tiou-hi-hi*, cris qui rappellent les *So, so* celtiques, les *Sou, sou* grecs et romains. Jusqu'à la Révolution, en tête du cortège, on portait une poule blanche ; c'était un hommage rendu à la vertu de la mariée et qui était impitoyablement refusé à celle dont la conduite était suspecte. Cette poule était attachée à l'extrémité d'une haute perche à laquelle étaient fixées en sautoir deux quenouilles garnies de chanvre, avec leurs fuseaux ornés de fleurs et rubans (²).

C'était le soir que le marié conduisait, à Rome, la nouvelle épouse dans sa demeure. Des enfants d'origine patricienne (³) la conduisaient par la main, tandis qu'un autre marchant devant, agitait une torche d'épine blanche pour conjurer les maléfices. D'autres la suivaient portant une quenouille, un fuseau et dans une corbeille d'osier tous les instruments du travail féminin. Les jeunes gens suivaient, chantant, criant Talassius ! *Talassius* (⁴) ! au milieu du bruit des instruments de musique.

Dans les Vosges, quand le prétendu et sa famille entraient dans la maison de la mariée, ils la trouvaient habillée comme d'habitude, filant sa quenouille au coin du foyer. Le père du futur lui demandait pourquoi elle était la seule qui ne fût pas

(1) V. DURUY, *Hist. romaine,* t. V.

(2) RICHARD, ouvrage cité.

(3) Il s'agit ici du mariage par *Confarréation* très pratiqué dans les familles patriciennes.

(4) Cri commémoratif de l'enlèvement des Sabines et rappelant le bonheur du jeune Talassius, un des compagnons de Romulus.

habillée pour se rendre à l'Eglise ; elle répondait en prétextant son ignorance du motif qui avait amené tant de monde dans la maison. Sa mère lui disait alors qu'elle connaîtrait bientôt ce motif et qu'elle aille s'habiller au plus vite...

Aussitôt ses jeunes amies l'enlevaient et s'empressaient de la porter dans sa chambre pour procéder à sa toilette (1).

A Rome, quand le cortège entrait dans la maison du mari, les femmes qui accompagnaient la nouvelle épousée la soulevaient dans leurs bras, afin qu'elle ne touchât pas du pied le seuil.

Une fois entrée, assise sur une toison de laine qui lui rappelle qu'elle doit se servir de la quenouille et du fuseau, on lui remettait une clef, symbole du gouvernement domestique qui va devenir son partage...

Dans nos Vosges, à Dommartin, on donnait à la mariée le *Pochon* (2) ou grande cuiller, avec laquelle on sert la soupe. Cet ustensile, si utile dans le ménage, n'était-il pas, comme la clef, l'emblème du rôle de maîtresse de maison qui allait lui être confié ?

Les mœurs romaines protégeaient la jeune fille d'hier, devenue matrone; on lui cédait le haut du pavé, le consul même se dérangeait pour lui faire place.

Nos Vosgiens avaient le même respect pour les mariés : à La Bresse, « aussitôt qu'ils ont reçu la bénédiction nuptiale, leurs parents, leurs amis et amies les plus intimes cessent de les tutoyer. Le jeune homme qui tutoyait une jeune fille en la recherchant en mariage, quitte immédiatement cette manière de parler, le jour où il est devenu son époux, l'honnêteté succède à la familiarité (3). »

A Dommartin, dans les vallées de la Moselle, de la Moselotte, au repas de noce, au moment où les têtes s'échauf-

<hr>

(1) RICHARD, ouvrage cité.
(2) RICHARD, ouvrage cité.
(3) RICHARD, ouvrage cité.

faient, une jeune fille se levait et chantait d'une voix triste
à la mariée :

> *Adieu fleur de jeunesse,*
> *Je vais t'abandonner,*
> *La noble qualité de fille*
> *Aujourd'hui la faut quitter.*
>
> *Quand je vois ces filles à table*
> *Assises devant moi,*
> *Quand je les vois et les regarde*
> *Les larmes me tombent des yeux.*
>
> *La ceinture que je porte,*
> *Et l'anneau que j'ai au doigt,*
> *C'est mon amant qui me les a donnés*
> *Pour finir ses jours avec moi.*

Le mari répondait :

> *Il est vrai, ma maîtresse,*
> *Il est vrai, je vous les ai donnés,*
> *C'est pour passer votre jeunesse*
> *Avec moi z'en tranquillité (1).*

La ceinture dont parle cette chanson était un ruban argenté que la mariée conservait précieusement pour en faire
un lien de berceau à son premier né.

La Romaine portait aussi, le jour de ses noces, une ceinture en laine, témoignage de sa chaste pudeur.

Dans l'antiquité, comme au Moyen âge, la crainte d'un
maléfice, d'un sortilège qui empêche de consommer le mariage hantait les jeunes mariés : à Rome, on chassait les
maléfices avec une torche d'épine blanche que l'on portait
devant la mariée. Quand celle-ci était entrée dans la demeure de son époux, elle touchait cette même torche que

______

(1) *Bulletin de la Société d'Archéologie*, t. IV, 2ᵉ partie. D'après les paroles, ce
devait être à la mariée à chanter. Mais pour ne pas trop l'attrister c'était une de
ses amies qui la remplaçait.

l'on se hâtait de mettre en lieu sûr de peur qu'elle tombât en de méchantes mains.

Au Moyen âge, et presque bien près de notre époque, ceux qui, par leurs pratiques, rendaient impuissants les maris, portaient le nom de *noueurs d'aiguillettes*.

C'n employait les moyens les plus bizarres pour conjurer ces sortilèges :

Uriner à travers l'anneau qui doit être béni le jour des noces et donné ensuite à la mariée..... Porter, le jour du mariage, deux chemises à l'envers et mises l'une sur l'autre..... Frotter avec de la graisse de loup les jambages de la porte par où passera la mariée pour se rendre au lit nuptial..... [1].

Un autre moyen, qui date du XIe siècle, c'est qu'au moment « où le prestre unit les jeunes époux et leur donne la bénédiction nuptiale, le jeune gars s'estreigne en tant que serre sa jouvencelle, en façon qu'étant l'un et l'autre agenoillé près li dit prestre, y ceulx se touchent en telle façon que ne puisse estre passé li doigt en travers leurs hanches, genoux et coudes [2]. »

A Martigny-les-Lamarche, on enchaînait ensemble, par le milieu du corps, les mariés au moment où ils recevaient la bénédiction nuptiale [3]. Cette chaîne, très longue, était en cuivre argenté.

Les druides enseignaient une vie future dans laquelle les guerriers poursuivaient leur existence comme dans notre monde. Cette croyance était si fortement enracinée dans l'esprit de nos aïeux que, pendant les cérémonies des funérailles d'un des leurs, ils jetaient dans le bucher des lettres adressées outre-tombe.

On retrouve des vestiges de ces croyances à Cornimont chez les jeunes filles curieuses de voir en rêve le garçon

[1] RICHARD, ouvrage cité.
[2] *Chroniques, Lois, etc., de la Lorraine*, recueillies par Jacques Bournon.
[3] *Statistique des Vosges*, t. 11.

qu'elles épouseront : le 26 octobre, jour de la saint Amand, elles écrivaient sur deux petits billets les noms des deux garçons préférés; ces billets plus hauts que larges, sont mis en croix et placés sous l'oreiller ou dans le bonnet de nuit. Il ne faut pas oublier, en se couchant, d'adresser au saint une fervente prière. La nuit il arrivera un beau songe qui apprendra à la curieuse le nom de celui qu'elle épousera (1).

XVI

Si l'on croyait Pline ( ), pour avoir un enfant aux yeux noirs, il suffirait à la mère, pendant sa grossesse, d'avaler une souris ! Nos Vosgiennes se contentaient de boire quelques gouttes d'eau-de-vie de cerises.

Toujours d'après le même Pline, on procure un prompt accouchement à une femme en travail si l'homme dont elle a conçu, déliant sa ceinture, la lui met autour du corps, puis l'ôte en prononçant cette formule : « Je l'ai liée, et je la délie (3). »

Dans les Vosges, pour être délivrée rapidement, la femme remplace la ceinture par la chemise, les braies ou pantalon de son mari qu'elle revêt (4).

Les prêtres égyptiens ont affirmé à Hérodote que chaque mois, chaque jour appartient à quelqu'un des dieux, et tout homme peut prévoir, d'après le jour de sa naissance, ce qu'il sera, ce qui lui arrivera (5).

C'est dans le même ordre d'idées qu'un enfant né le Vendredi-Saint sera pauvre et malheureux; que les bonnes

---

(1) RICHARD, ouvrage cité. — Dans les premiers temps du Christianisme, on écrivait aux saints pour leur demander conseil. On déposait ces lettres sur la tombe du saint à qui l'on écrivait.

(2) PLINE, *Histoire naturelle*, l. XXX, parag. 46.

(3) PLINE, ouvrage cité, l. XXVIII, parag. 9.

(4) RICHARD, ouvrage cité, p. 224.

(5) HÉRODOTE, *Histoires*, l. II, parag. 82.

femmes de Gerbamont et Cornimont assurent qu'un nouveau-né arrivé en ce monde entre onze heures et minuit éprouvera de grandes difficultés (1).

A Rome, on décorait de branches vertes, de fleurs et de lampes la porte de la maison d'une nouvelle accouchée ; en Grèce, on mettait des couronnes de lauriers.

Dans les Vosges, au retour du baptême, la marraine fait présent à la mère de la serviette ornée de rubans et de fleurs qui couvrait le bébé.

Ces fleurs, ces rubans étaient ensuite fixés aux rideaux du lit de l'accouchée.

Les Romains fêtaient la naissance d'un enfant, — *les nataliæ;* — de même, le jour de baptême est jour de fête; les parrain et marraine distribuent des dragées et, dans certains villages, offrent à la mère un pain de sucre, du café et plusieurs bouteilles de bon vin (2).

Le blanc, dans la religion d'Odin, était la couleur sacrée ; vouer un enfant au blanc, c'était le mettre sous la protection des *bonnes dames,* c'est-à-dire des bons génies qui donnaient à l'enfant naissant les qualités les plus précieuses. Waza et Werdenda, les bonnes dames, sont devenues les bonnes fées qui président aux naissances et protègent l'enfant pendant son existence.

Dans les Vosges, ce n'est plus aux fées que l'on consacre aujourd'hui un enfant, mais à la Vierge. Ce vœu consiste à vêtir l'enfant de bleu ou de blanc pendant sept années. C'est ce qu'on appelle vouer au bleu ou au blanc.

XVII

Le 1er Novembre était, chez les Gaulois, le jour des morts. « Tout ce qui se rapporte à la doctrine de la mort et de la

(1) RICHARD, ouvrage cité, p. 226.
(2) RICHARD, ouvrage cité, p. 233.

renaissance périodique du monde et de tous les êtres paraît avoir été concentré dans les rites et les croyances de la nuit du 1er Novembre, nuit pleine de mystère, que le druidisme a légué au christianisme et que le glas des morts annonce encore aujourd'hui à tous les peuples catholiques, oublieux de cette antique commémoration (1). »

Ce jour, les druides éteignaient le « *père-feu* » et, à ce signal, de proche en proche s'éteignaient tous les autres feux. Partout régnait un silence de mort; c'est qu'à ce moment, on jugeait les âmes trépassées dans l'année. Elles se rendaient à l'extrémité de l'Occident, en un lieu bien connu et qui porte encore aujourd'hui le nom de *baie des âmes* ou des *trépassés,* pour y être jugées.

C'est notre jour des morts, dont le culte est si vivace en Lorraine!

On ne dort guère dans cette nuit du 1er au 2 Novembre. On veille, on parle des défunts, on rappelle leurs qualités, leurs mérites. Au Val-d'Ajol, les veillées portaient le nom de *plait,* qui n'est autre chose que le *plaid* ou réunion, ou assemblée.

Pendant ce temps, on sonne le glas funèbre, qui se prolongeait fort avant dans la nuit, pour recommencer dès la première heure.

Le lendemain, il n'en est pas un qui n'aille rendre visite à la tombe des siens.

Dans nombre de localités, au sortir de la messe des morts, on se rend processionnellement au cimetière.

La mort, pour nos aïeux gaulois, n'était qu'un changement d'état, une nouvelle vie : Au Val-d'Ajol, on sonnait autrefois à toute volée à la mort d'un enfant; on appelait cette sonnerie le *Renanaïo,* c'est-à-dire une nouvelle naissance, de *renasco, renaties;* renaître (2).

---

(1) Henri MARTIN, *Histoire de France,* t. 1, p. 71.
(2) RICHARD, ouvrage cité, p. 111.

A La Bresse, Raon-aux-Bois, Saulxures, Hallainville, etc., aussitôt le décès, on enlève la paillasse, ou seulement une poignée de la paille du lit du mort, et l'on va immédiatement la brûler à l'embranchement de plusieurs chemins. On observe avec soin la direction de la fumée, car il y aura mort dans la première maison vers laquelle elle se sera dirigée. Ce feu n'est-il pas un souvenir du bûcher sur lequel on brûlait, jadis, les morts?

Chez les Romains, les funérailles étaient suivies d'un banquet. De même, dans nos villages, on invite à manger tous les parents et amis, venus à l'enterrement.

Autrefois, ce repas était des plus simples, on ne buvait que de l'eau. Aujourd'hui, il n'en est plus ainsi. Parfois on y boit trop! Le chagrin ainsi noyé, est remplacé par une gaîté trop grande, et il arrive qu'après avoir, au début, consolé la veuve et déploré la perte de son mari, on songe, au dessert, à la remarier, et que celle-ci réponde naïvement : « j'y pensais déjà (1). »

Dans un grand nombre de villages, au dessert, deux femmes se lèvent et récitent les prières des morts. Cette brusque transition d'une gaîté parfois trop grande et surtout déplacée, à une scène lugubre où tous donnent la réponse aux prières, est d'un grand effet.

Quand un Romain déposait en terre la dépouille d'un parent ou d'un ami, il disait : « Que la terre te soit légère. » Nos vieux Lorrains ont encore la touchante coutume de prendre une poignée de terre et de la jeter sur le cercueil descendu dans la fosse.

Tacite dit des Germains : « Ils cessent promptement les lamentations et les larmes; mais ils prolongent la douleur et les regrets : aux femmes, il sied de pleurer, aux hommes, de se souvenir (2). »

Aux enterrements, la foule une fois entrée au cimetière,

(1) RICHARD, ouvrage cité, p. 118.
(2) TACITE, *Mœurs des Germains*, § XXVII.

se disperse, chacun allant à la tombe des siens : n'est-ce pas
là une façon de prolonger la douleur, les souvenirs, les
regrets, ainsi que le dit Tacite?

Au XVIIe siècle encore, à Remiremont et aux environs,
on déposait sur la tombe du mort, un pain, du sel, du vin.

C'était là une réminiscence du *Fériola* ou fête des Mânes
chez les Romains.

A Ville-sur-Illon, on retrouve de nos jours cette pratique :
en sus du salaire, on donne au fossoyeur une « miche » de
pain et un litre de vin. Autrefois ces vivres étaient destinés
au défunt pour le grand voyage qu'il allait entreprendre. Le
fossoyeur a su maintenir cette coutume à son profit.

C'est au curé que pain et vin étaient donnés à Champ-le-
Duc.

A l'offrande, à Hallainville, le parent le plus proche apporte
le pain et le vin. A Plombières, deux des proches du défunt
se placent de chaque côté du prêtre au moment où il reçoit
les offrandes, tenant chacun dans une serviette du pain qui
a été béni auparavant.

L'Eglise combattit ces habitudes qui venaient tout droit
des anciens cultes. En 1614, un délégué du Pape Paul V,
envoyé à Remiremont pour visiter le Chapitre, protestait
vivement contre ces usages et constatait que les populations
« sont accoutumées à des superstitions et vanités des
Gentils (1). »

XVIII

Je ne veux pas renouveler la description, tant de fois faite,
des Kyriolés de Remiremont. Je voudrais en rechercher
l'origine païenne.

C'était le lundi de Pentecôte, jour de fête populaire en

(1) RICHARD, ouvrage cité, p. 119.

Lorraine, comme dans tous les pays catholiques, qu'elle avait lieu.

Dans l'antiquité, on offrait aux Dieux les prémices de la terre. C'était à Diane, Cérès, Vertumne, que ces offrandes étaient consacrées. Ce dernier surtout, était le Dieu des vergers, des fruits; il était représenté, la tête couronnée de foin ou d'herbes variées, tenant de la main gauche des fruits et de la droite une faucille ou une corne d'abondance. Il était l'objet d'une grande fête à l'automne, quand fruits et récoltes étaient rentrés.

Ces prémices offertes aux dieux, le furent aussi aux prêtres chrétiens qui ne vivaient que d'oblations. Bien plus tard, les offrandes furent régularisées sous forme de dîmes ; mais les prémices furent conservés, on les devait au monastère, au curé, au seigneur. Parfois on les apportait en grande cérémonie.

A Remiremont, la fête des Kyriolès ne reconnaît pas d'autre origine : c'était un acquittement féodal (1).

Mais de quel appareil rappelant les fêtes païennes il était entouré ! C'était la fête de la verdure, du retour de la belle saison.

Chacune des communes, qui tous les ans devaient venir, se reconnaissait par des branches d'arbres, des arbrisseaux différents :

Ceux de Saint-Nabord, à de longs rameaux de rosiers sauvages ; Plombières, Bellefontaine arrivaient avec de grandes branches d'aubépine... Saint-Maurice, où la végétation était toujours en retard, apportait deux hottes faites d'écorces de sapin, pleines de neige; si celle-ci faisait défaut, on la remplaçait par deux bœufs entièrement blancs.

Tous entraient dans l'église; chaque paroisse avait son cantique, son kyriolé :

---

(1) RICHARD, ouvrage cité. La fête du Kyriolès est on ne peut mieux décrite dans cet ouvrage. Aussi, pour plus de détails, c'est là qu'on doit les chercher.

> *Kyrie ! chanter devons*
> *Par bonne dévotion*
> *Nous prions d'un bon cœur*
> *Pour les biens qui sont en fleurs*
> *Que Dieu nous donne bonne moisson*
> *Et de tous biens à foison.*

Criaulé ! chantaient les habitants de Saint-Amé, *criaulé !*
Gentil sire saint Urbain,
Criaulé ! vous avez les biens en main,
Remettez les fleurs en grains en priant Dieu
Et tous les saints et toutes les saintes en priant Dieu
Toutes les âmes sont hors de peine en priant Dieu (1).

Saint-Nabord, Saint-Étienne, Vagney, Saulxures avaient, dans leurs kyriolés un couplet à saint Urbain.

Ce jour-là, les dames chanoinesses devaient danser, la première danse revenant à « Madame l'abbesse » ; il en était de même pour les officiers du monastère, qui tous étaient ecclésiastiques.

Enfin, cette fête se terminait par une orgie, — une saturnale, — dont le monastère et la municipalité faisaient les frais.

Cette fête, à propos de l'acquittement d'un droit féodal, avait conservé son caractère primitif, elle était, — avec une étiquette chrétienne, — une véritable fête « naturiste, » comme les aimaient les Grecs et les Romains.

J'arrête ici ce travail.

Je suis loin d'avoir épuisé le sujet ; les diables, les fées, les sorciers..... qui nous viennent directement des cultes druidiques et romains, seront l'objet d'une étude spéciale.

Je ne puis avoir la prétention de présenter un travail complet. J'ai dû élaguer d'abord ; ensuite, il y a bien des traditions, des croyances, des coutumes qui m'ont échappé ou

(1) *Bulletin de la Société d'Archéologie lorraine.*

que j'ignore. Je crois pourtant être parvenu à donner une idée de l'ensemble de ces croyances vosgiennes qui nous viennent des cultes antiques. J'ajoute qu'il en est bien peu qui ne reconnaissent cette source, tant il est vrai que : *Nihil sub sole novum*.

A. FOURNIER.

APPENDICE

I

CULTE DU SOLEIL DANS LES VOSGES

Ces noms de *Belch*, *Belchen* (devenus : Balon en français), donnés à quelques sommets vosgiens, nous rappellent qu'ils étaient consacrés au culte de *Belen*, *Bélénus*, *Bélis*, le Dieu-Soleil, vénéré des Gaulois.

Le nom de *Belch* ou *Belchen* qui est prononcé sur le versant alsacien des Vosges, *Belacha* avec une forte aspiration de la gutturale *ch*, se décompose en *Bel* et *Lech* ou *lec'h*, contractions de *Leac'h* qui signifie dans la langue celto-bretonne : *lieu*, *endroit*, *place;* *Bel-leac'h* veut donc dire *lieu de Bel*. (STÆBER.)

De tout cela on peut conclure, comme l'a fait Stæber, que *Belch* ou *Belchen*, contractions de *Bel-leac'h* ou *Bel-lec'h*, désignent un lieu consacré à Belen, le Dieu-Soleil gaulois.

Il n'y a pas que dans les Vosges, où l'on retrouve ces *Bel-lech;* il y a un *Belchen* dans la Forêt-Noire, un autre dans le Jura-Suisse.

Ces noms à racine de *Bel* abondent dans les Vosges : les champs de *Bel* sont nombreux, c'étaient des lieux où l'on allumait des feux de joie ; ailleurs on les appelait des *Lustbuhl,* emplacement des feux allumés le 1er Mai à la sainte Walburge (abbé BRAUN.) C'est ce que nous appelions en Lorraine des *Bures*.

Il y a un *Bel* près d'Éguisheim, un *Belfed,* un *Belacker* au Rossberg, un *Belinger,* un *Beilage,* un *Bollenberg,* etc., etc.....

Blénod-les-Toul, — *Belenodium,* — doit son nom à un temple d'Apollon, le Dieu-Soleil, avec lequel Belen fut identifié. Il en est de même pour Blénod-aux-Oignons et Bulligny (*Beleniacum.*)

Dans l'histoire de la Gaule, on trouve des noms d'hommes comme *Bellovèse,* des noms de peuples comme *Bellovaques,* des noms de lieux comme *Bellintum, Beli-andrum, Belisama, Beligna.* (DES-JARDINS.)

On peut rattacher à ces noms ceux de *Lichtenstein* ou Pierre-de-Lumière ; *Lichtenberg,* Mont de Lumière ; *Sonnenberg,* Mont du Soleil ; *Dagsberg,* Mont du jour.

Ce qui confirme cette manière d'interpréter ces noms, c'est que tous ces sommets ont leurs plates-formes couronnées par des enceintes. (G. SAVE).

On sait que pendant la période Gallo-Romaine, le sommet du Donon était consacré au culte de Mercure.

M. Paul Monceaux (Revue historique : *Le Mercure Gaulois et l'histoire des Arvernes,* nos 35 et 36) a démontré que le Mercure Arverne ou Gaulois n'était qu'une transformation ou plutôt une identification du dieu gaulois Lug, le dieu du crépuscule.

La grande fête de Lug avait lieu au sommet du Puy-de-Dôme (montagne consacrée d'abord à ce dieu, puis à Mercure), au mois de juin, au solstice d'été. De nos jours, a lieu encore une grande foire à Clermont-Ferrand, et l'on monte au sommet de la vieille montagne gauloise, tout comme le font nos montagnards vosgiens aux ballons. Lug est un dieu bienfaisant qui combat les puissances mauvaises, qui tue le dieu de la nuit (Dis-Pater). Il est le protecteur de la paix, des métiers, des arts, du commerce ; on comprend, dès lors, que César, à son arrivée en Gaule, ait pu le confondre avec Mercure.

Au nombre des attributs de Lug, je relève le coq, qui remplit les fonctions d'éclaireur et précède naturellement la divinité du crépuscule ; le cheval, symbole de la vitesse du rayon solaire ; l'alouette qui, par ses chants joyeux annonce le lever du soleil, le réveil de la nature...

Lug doit être compris dans l'adoration du soleil ; il était une fraction de Belen ; le soleil a son lever, c'est lui qui le précède, l'annonce.

Une note manuscrite, que je dois à l'obligeance de M. G. Save, démontre d'une façon qui me paraît bien concluante que, l'on adorait aussi le soleil au sommet du Donon.

Je la reproduis en entier :

« Le sommet le plus intéressant des Vosges, au point de vue archéologique, est le Donon.

« On lui a donné pour étymologie le terme gaulois *Dun,* qui signifie la montagne par excellence ; de là *Dunum.* Le Puy-de-Dôme, dont le nom latin est *Mons Dumiatis* ou *Duniatis* semble avoir la même étymologie.

« Deux temples gallo-romains du Donon étaient consacrés à Mercure, on le sait par deux inscriptions placées au-dessus de leurs portes et que donne Dom Calmet :

MERCURIO... LENI ET MER... VOSECATE.

« M. Robert Mowat croit que ce dernier mot pourrait signifier *vasso caleti,* nous préférerions y voir une corruption du mot *vosegus* (inscription 10 de *Gruter,* à Saverne) qui qualifiait le Mercure vosgien.

« Sur une cinquantaine de bas-reliefs, trouvés à diverses époques au Donon, la plupart présentaient des figures de Mercure, bien caractérisés par ses attributs. Plusieurs inscriptions votives étaient dédiées au même Dieu.

« Mais sur le rocher culminant du Donon, élevé de 40 mètres au-dessus de la plate-forme où se trouvaient les monuments précédents, on remarquait une sculpture plus antique et c'était la seule qui fût taillée dans la roche même. C'est le célèbre bas-relief, transporté depuis au musée d'Epinal, représentant un lion et un taureau affrontés avec cette inscription : BELLICCUS SURBUR, qui n'a pu être encore interprétée.

« La présence sur ce bas-relief, exposé exactement au levant, des deux figures du Zodiaque qui représentent l'équinoxe du printemps et le solstice d'été, c'est-à-dire le domicile du soleil dans toute sa splendeur (le soleil entre dans le signe du taureau le 21 mars, dans celui du lion le 21 juin), semble bien indiquer un monument du culte solaire et permettrait peut-être de trouver dans *Belliccus,* quelque rapport avec le Dieu Belen ou Bel.

« On remarquera d'abord que SURBUR n'appartient pas à la langue latine et qu'il ne peut être qu'un nom celtique, aucune racine grecque ou latine ne convenant à ce mot.

« Il doit donc en être de même pour BELLICCUS, malgré sa ressemblance avec les noms propres gallo-romains rencontrés dans diverses inscriptions sous les formes : *Bellici, Bellator, Bellicus, Bellicia, Bellici soror, Bellicius, Bellicus natalis,* etc., etc.

« Le BELLICCUS du Donon doit être considéré comme celtique; il diffère du reste de tous les précédents par le redoublement du *c.* Il pourrait représenter le mot *Belch (Bel-leach),* c'est-à-dire l'adjectif dérivé de Bel, par lequel étaient désignés les lieux consacrés à ce Dieu du soleil, *Belchen*; la terminaison germanique *en* serait remplacée par la désinence gallo-romaine *us* et le *ch* par le double *c* : *Belliccus.*

« Le taureau du bas-relief rappellerait encore le culte solaire, puisque les Egyptiens adoraient le soleil sous le nom d'*Apis* et sous la forme d'un taureau.

« Enfin les nombreux monuments dédiés à Mercure sur le Donon prouveraient que les Gallo-Romains substituèrent le culte de ce dieu à celui de Bel, partout où ils le rencontrèrent installé par les Celtes, comme le dit fort bien Dom Calmet (*Divinités payennes*) : « J'ay lieu de croire que Voodan ou le Mercure des Celtes et des Germains n'est autre qu'Apollon ou le Soleil... » Plus loin il ajoute : « C'est ainsi que Macrobe (l. 1, 12, 19, ch. XX) s'efforce de montrer que le Soleil et Mercure ne sont qu'une même divinité... »

Ainsi le Donon aurait été un haut lieu consacré au Soleil par les Celtes, et plus tard à son successeur Mercure par les Gallo-Romains.

Pour qui connaît le Donon et le Puy-de-Dôme, on est frappé de la ressemblance des deux montagnes : toutes deux élevées, en forme de cônes, isolées, dominant toute la région montagneuse environnante, entourées de populations nombreuses (l'Alsace et la Limagne ont toujours été très peuplées); toutes deux étaient indiquées pour des sanctuaires consacrés au Soleil,

Déjà, M. Voulot (*Les Vosges avant l'histoire*) avait entrevu l'origine solaire du mot *Belliccus;* mais il avait transformé ce mot en *Beilissus* et associé Bel et Isis. Pour lui enfin, le Lion devenait un bison ! et le Taureau un porc ! ce qui enlevait tout sens symbolique (du zodiaque) au bas-relief.

L'explication donnée par M. Save semble des plus rationnelles : en procédant par comparaison, on voit qu'au Donon et au Puy-de-Dôme on adorait le Soleil (peu importe la forme du culte) et que, sous la domination romaine, ce culte est devenu pour les deux celui de Mercure.

Pour le Puy-de-Dôme, M. Monceaux en donne une explication des plus claires : Lug, le Dieu du crépuscule, possédait quelques-uns des attributs du Mercure romain. Pourquoi n'en serait-il pas de même pour le Donon ?

II

BALLON DE GUEBWILLER

Cette montagne, la plus élevée de la chaîne des Vosges, fut consacrée au dieu Soleil gaulois, à Belen. Aussi, la région environnante est-elle riche en légendes, souvenirs qui ne sont que les échos lointains du vieux culte celtique.

Il y a là une vallée bien connue des touristes, le Blumenthal ou Val fleuri. Belen, un soir, fatigué par la chasse, s'endort dans une grotte. Un énorme sanglier qu'il avait pourchassé s'approche de lui et, d'un coup de dent, le blesse au pied. Voilà le sang qui s'écoule, se répand et rougit au loin le sol d'alentour... Le lendemain, quand le soleil s'éleva, chaque goutte de sang produisit une fleur mollement balancée au souffle de la brise. Gazons et bois, tout le vallon étaient émaillés de fleurs et l'air en était parfumé. N'est-ce pas là le mythe d'Adonis tué à la chasse : Vénus inconsolable qui l'avait suivi dans les montagnes, fait naître de son sang l'anémone, la fleur du vent.

Dans cette vallée, les sources, les ruisseaux, les prés portent les noms caractéristiques de Pré d'Or, de Ruisseau d'Or, de Fontaine de la Princesse, etc., etc.

La veille de la Saint-Walburge (1er Mai), on allumait partout des feux ; ce soir-là, pour célébrer la victoire de l'été, on donnait le spectacle de luttes où l'hiver était tout naturellement vaincu.

L'endroit où avaient lieu ces fêtes portait le nom de Lustbühl ou Walburg.

Il y avait des fontaines qui rendaient des oracles, leur plus ou moins d'eau annonçait la disette ou l'abondance. Ces sources se trouvaient au pied du Bollenberg, dont le nom (*Bel, Bol*) rappelle le dieu Soleil. Cette montagne fut longtemps le rendez-vous des sorcières.

Sous le titre de *Légendes du Florival*, l'abbé Braun a publié un livre très intéressant, à la condition toutefois de passer condamnation sur tout ce qui concerne la mythologie. Pour cet abbé, tout vient des dieux allemands. Embarrassé parfois, il s'en tire en donnant à ses dieux préférés les attributs des divinités celtiques. Ce livre a paru en 1866.

III

CUGNEU — CONOTTE — LE GUY L'AN NEUF

« Au premier jour de l'an, les enfants vont demander à leurs parrains et marraines leurs *coigneu*, comme qui dirait leur *guineuf,* car dans le langage du pays, *guineuf* se dit pour nouveau. Or, ces *gugneufs* sont d'ordinaire de petits gâteaux faits en cornes ou en croissants, dont nous parlerons cy après. L'on a donné depuis le nom d'*agui l'an neuf* à une queste que l'on fait dans quelques diocèses pour le luminaire de l'église.....

« Nous avons encore une pratique que je crois venir de la plus haute antiquité et qui est, à mon sens, un reste du culte de la lune. Au commencement du Carême, on vend publiquement des gâteaux ayant deux cornes, comme pour marquer les cornes de la lune, à laquelle on offrait autrefois ces sortes de gâteaux, que l'on appelle chez les Allemands (Alsaciens) des *bretzelles*..... Les enfants les portent à l'école et les offrent à tirer à leur maître, au commencement du Carême; chacun demeure maître de la partie qui lui reste entre les mains.....

« Il est remarquable que dans ces pays cy on ne vend des *corniez* ou des *cornottes* que pendant le Carême et après les brandons ou le premier dimanche du Carême, qui sont encore d'autres restes du paganisme et des feux qu'on allume en l'honneur du Soleil, d'Apollon, de Dianne et de la Lune..... »

(DOM CALMET. *Dissertation sur les divinités payennes autrefois adorées dans la Lorraine.* Bulletin de la *Société philomatique,* année 1876, p. 160-162.)

IV

FONTAINES — MARIAGES — ÉPINGLES

Les jeunes filles curieuses de savoir si bientôt elles seraient demandées en mariage s'adressaient volontiers aux fontaines.

« En plusieurs lieux des Vosges, les jeunes gens de l'un et l'autre sexe ne croient pas accomplir une cérémonie du paganisme en allant, à Noël et à l'heure de minuit, déposer sur l'abreuvoir de la fontaine du village des fleurs et des rameaux d'arbres verts. Grâce à la déesse celto-gauloise (Diane), la jeune fille qui y puise la première eau peut voir au fond de son seau l'image de l'époux qui lui est destiné (1). »

Nous avons vu qu'à Martigny les jeunes gens cherchaient à s'emparer du gâteau que devait jeter dans la fontaine le dernier marié, et que cette coutume provenait de l'ancien *far* romain que le pontife partageait entre les époux.

A Sainte-Sabine, l'épingle jetée dans la source par une jeune fille indiquait à celle-ci un prompt mariage si elle surnageait.

L'épingle jouait un grand rôle dans les questions de mariage.

(1) BEAULIEU. *Le comté de Dagsbourg* (communiqué par M. G. Save).

Parfois elle était associée à la source, comme à Sainte-Sabine ; d'autres fois elle *agissait* (?) seule.

Les meilleures sont celles de laiton, on les donne toujours par nombre impair. Au Val-d'Ajol, quand les fiancés allaient faire leurs invitations, ils donnaient aux hommes de cinq à sept épingles ; aux femmes de une à trois. Accepter ces épingles, c'était accepter l'invitation ; aussi les plaçait-on au parement de la manche droite de l'habit ou de la robe. Ces épingles étaient pour les jeunes gens un véritable porte-bonheur, elles devaient les faire marier promptement. Toutes les personnes à qui elles avaient été offertes devaient, le jour des noces, embrasser les mariés ([1]).

La plus grande faveur que la jeune mariée puisse faire à une jeune fille, c'était de lui permettre de placer les premières épingles à la couronne nuptiale. Après les noces, la nouvelle épouse rendait les épingles, qui devenaient un véritable talisman doué du privilège de leur trouver mari à bref délai.

A La Bresse, prendre une épingle par la pointe, annonçait à une femme enceinte qu'elle ne pourrait allaiter son enfant.

Dans tous les pays celtiques, les fontaines et les épingles ont joué un grand rôle dans les questions de mariage.

(1) RICHARD, ouvrage cité.

Sᵗ-Dié, Imp. L. Humbert.